Los Romanov

Un apasionante repaso a la Casa Romanov

Índice

Introducción

Cuando se trata de enumerar las dinastías más emblemáticas o infames a lo largo de la historia del mundo, varios nombres vienen a la mente de inmediato. Las familias poderosas siempre se han disputado el dominio en distintas partes del mundo, algo que caracterizó en gran medida el panorama social y político de la Antigüedad, la Edad Media y los primeros tiempos de la Edad Moderna. Estas familias a menudo emergían de la incierta y caótica agitación política de sus respectivas regiones y épocas como gobernantes superiores, formando dinastías, algunas de las cuales durarían siglos. Por ejemplo, en las competitivas sociedades de la antigua China y Japón, las dinastías ascendieron temporalmente al poder y unieron sus dominios, definiendo épocas enteras y desempeñando papeles importantes en el establecimiento de características culturales, sociales y políticas distintas. El periodo de la Restauración Meiji del Japón del siglo XIX bajo la dinastía Meiji es bastante notable, mientras que las dinastías Ming y Qing dominaron China a partir de principios del siglo XIV.

A diferencia del Asia medieval, donde una sola dinastía solía imponerse a las demás para disfrutar de un periodo de gobierno solitario, las poderosas dinastías europeas solían existir simultáneamente en distintos países, algo que solo puede atribuirse a la diversidad cultural y étnica presente en el continente. Algunos de estos nombres de familias europeas, como los Habsburgo y los Borbones, son reconocibles incluso para el más casual de los entusiastas de la historia. Las dinastías europeas, que compitieron entre sí y se mantuvieron en la cima durante siglos, son muy conocidas por su papel en la historia y han sido objeto de fascinación por las complejidades que las caracterizaron.

Sin embargo, en lo que respecta a las dinastías famosas de Europa, quizá ninguna sea tan intrigante como la dinastía Romanov, una familia que gobernó Rusia durante unos trescientos años. Su renombre se debe al hecho de que la propia Rusia, como Estado nación soberano, ha tenido un interesante recorrido, en el que el país ha experimentado las transformaciones más sustanciales y duraderas de todas las superpotencias europeas. Las diferentes formaciones estatales de Rusia lucharon durante siglos por encontrar su verdadera identidad, acosadas por su difícil y remota situación geográfica en el punto de encuentro de las culturas europea y asiática, además de constantemente molestadas por amenazas externas o inestabilidades internas.

Aunque la dinastía Rúrika puede considerarse la más poderosa de la historia rusa (después de todo, el legendario Rúrik fue quien organizó los primitivos asentamientos de la zona como un protoestado ruso, y sus descendientes gobernaron en general las distintas provincias en los siglos posteriores), las estructuras sociopolíticas existentes harían bastante difícil que una sola familia emergiera en la cima de la jerarquía y mantuviera su posición de poder. En cambio, la historia de la Rusia medieval está repleta de casos de gobernantes dominantes que dejarían huella por sus personalidades explosivas y carismáticas, aunque hubo una plétora de otros que cayeron en el olvido. La combinación de todos los hechos mencionados hace que la dinastía Romanov destaque aún más, ya que es realmente fascinante cómo una sola familia mantuvo su firme dominio sobre tantos de sus súbditos en un lugar tan caótico.

Así pues, este libro explorará la historia de los Romanov —la más importante dinastía de Rusia— desde sus comienzos relativamente humildes hasta la cúspide de su poder y su terrible final. En primer lugar, el libro se sumergirá en los antecedentes previos a la aparición de los Romanov. Los primeros capítulos se ocuparán de los últimos días de los Ruríkíes y de la Época de la Inestabilidad, un periodo de la historia rusa en el que reinaron la incertidumbre y el caos. A continuación, se hablará de los primeros Romanov, que poco a poco consiguieron unificar las vastas y revoltosas provincias rusas, sentando las bases de algo más de tres siglos de gobierno firme. Luego, el libro explorará la consolidación de la dinastía bajo el despotismo ilustrado de Catalina la Grande, así como los desafíos que los Romanov tuvieron que afrontar a principios del siglo XIX contra Napoleón.

La parte central del libro aborda el resto de los gobernantes Romanov. Abarcamos sus contribuciones más notables a Rusia y al resto de Europa hasta el comienzo de la Primera Guerra Mundial. Por último, el libro hablará de las partes más difíciles del gobierno de los Romanov a principios del siglo XX, incluida la participación del país en la Gran Guerra, la revolución bolchevique y el trágico final de la monarquía rusa.

Capítulo 1: Antes de los Romanov

Antes de hablar de la dinastía Romanov, debemos examinar brevemente los doscientos años anteriores a su llegada al poder. De hecho, los siglos XIV y XV fueron vitales para Rusia, ya que «Rusia», como el Estado que conocemos hoy, se formaría durante este periodo. Por lo tanto, es lógico repasar aquellos acontecimientos sociales y políticos de los años 1300 y 1400 que estimularon la unificación de muchos principados diferentes y explicar cómo afectaron al curso de la historia rusa. Este primer capítulo del libro se ocupará de cubrir el interesantísimo periodo inmediatamente anterior al primer verdadero estado ruso, analizando el surgimiento de Moscú (también conocida como Moscovia) como nuevo centro de la civilización rusa y las inmensas implicaciones que tuvo en el clima geopolítico.

Breve repaso a la Rusia medieval

Es importante mencionar que Rusia, como estado unificado, era todavía un fenómeno nuevo a mediados del siglo XVI. A lo largo de la historia, los gobernantes de Rusia, conocidos como los grandes príncipes, se enfrentaron a muchas dificultades debido a la descentralización del poder que era innata en el panorama político, diverso y poco extendido. Muchas provincias grandes y pequeñas estaban gobernadas por príncipes individuales que, en teoría, eran leales al gran príncipe, pero, en la práctica, actuaban con la independencia que deseaban. En todos los aspectos eran «rusos», ya que hablaban la misma lengua, seguían la misma cultura y religión y procedían de la misma descendencia. Pero la compleja política de poder que caracterizaba las dinámicas relaciones entre ellos hacía que nunca vivieran en armonía, coexistiendo en cambio como rivales, dispuestos a ascender a la cima en cuanto veían la oportunidad. Así había sido durante cientos de años, desde que el legendario Rúrik bajó de Escandinavia para unir bajo su dominio los primitivos asentamientos de los territorios rusos. Desde entonces, sus descendientes, los Rurikíes, habían gobernado al pueblo ruso, aunque algunos tuvieron más éxito que otros.

Los europeos se refirieron a las tierras gobernadas por los príncipes rurikíes y sus subordinados como «las tierras de la Rus» durante unos quinientos años después de la muerte de Rúrik, aunque «Rusia» como estado unificado tardaría mucho más en emerger. Desafiados por los intereses de príncipes individuales y las constantes amenazas extranjeras, incluidos los casi dos siglos y medio de ocupación mongola, los gobernantes rusos tuvieron que luchar por su propia supervivencia antes de intentar unir a sus subordinados y formar un Estado fuerte. Debido a las difíciles circunstancias, Rusia acabó quedando rezagada respecto a Europa. Rusia se vio influida por varias ideologías diferentes y luchó durante siglos por encontrar su propia identidad, algo de lo que más tarde se ocuparía en gran medida gente como Pedro el Grande.

Estas circunstancias también influyeron en otro fenómeno, que se repetiría no solo a lo largo de la época medieval, sino también durante el reinado de los Romanov: para tener al menos alguna esperanza de resistir eficazmente los desafíos que se presentaban una y otra vez, el pueblo ruso necesitaba un líder fuerte, alguien capaz de unir a los príncipes rivales y reformar el país de arriba abajo. En diferentes siglos, varios individuos arañaron la superficie de esto, emergiendo como poderosos líderes que guiaron al pueblo ruso durante un breve periodo de grandeza, solo para que el país experimentara un rápido periodo de decadencia tras su muerte. Este fue quizás el mayor problema al que se enfrentó la Rusia medieval. Aunque algunos reyes y príncipes lograron conducir brevemente a los rusos hacia la estabilidad, rara vez fueron capaces de organizar una base sólida para que sus sucesores continuaran en la misma trayectoria.

El Gran Ducado de Moscovia

Rusia existió en este estado de lucha durante varios siglos, mientras diferentes príncipes de distintas provincias ascendían temporalmente a la cima y se sustituían unos a otros. Desde la caída de la Rus de Kiev, el «primer» estado ruso fuerte, hasta el ascenso de los mongoles en el siglo

XIII, varios principados rusos diferentes se disputaron el dominio. La ciudad de Kiev (también llamada Kyiv), antaño la más próspera de Europa Oriental después de Constantinopla, fue asolada no solo por los mongoles, sino también por los rusos, deseosos de ver caer a la Rus. El título de gran príncipe fue asumido por el gobernante de Vladímir, ciudad situada en el extremo nororiental de la provincia de Vladímir-Súzdal, y el centro de la civilización rusa se desplazó desde las tierras próximas al río Dniéper hasta el río Volga y sus principados circundantes. Durante la ocupación mongola, Vladímir-Súzdal siguió siendo el principado ruso más importante, convirtiéndose en uno de los favoritos del kanato, pero, sin embargo, no logró extender su influencia al resto de las tierras rusas.

Nóvgorod era otro poderoso principado de Rusia. Estaba situado en el noroeste del país y controlaba un vasto territorio en el norte de Rusia, incluyendo partes del mar Báltico. Debido a su gran situación geográfica, Nóvgorod siempre había sido uno de los principados más ricos y prósperos, pero, a diferencia de sus rivales, apenas se interesó por dominar el resto de las tierras rusas. En cierto modo, los novgorodenses siempre tuvieron un sentimiento de superioridad, optando por limitar su participación en la política rusa a menos que fuera absolutamente necesario o que les reportara beneficios directos. Del siglo XII al XV, Nóvgorod existió como república independiente, la primera de este tipo en Rusia. Estaba gobernada por un ayuntamiento democrático.

Vladímir-Súzdal y Nóvgorod eran solo dos de los grandes principados rusos. Los demás, como las ciudades centrales de Chernígov (la actual Chernihiv) y Smolensk, Riazán en el este, o Polatsk en la frontera polaco-lituana en el oeste, también eran actores importantes en la política rusa, pero ninguno de ellos logró obtener una ventaja significativa sobre los demás. Finalmente, un contendiente bastante improbable se hizo con el título de provincia rusa más poderosa.

En un interesante giro de los acontecimientos, a principios del siglo XIV, una pequeña y relativamente poco importante ciudad llamada Moscú, situada en la frontera sur de Vladímir-Súzdal, empezó a aumentar su poder de forma casi exponencial al hacerse con el control de sus territorios limítrofes. Daniil (Daniel) Nevski, gobernante de Moscú a principios del siglo XIV e hijo menor del poderoso exgobernante de Vladímir-Súzdal Alejandro Nevski, se apoderó del territorio vecino de Kolomna, lo que le permitió controlar el importante punto donde el río Moscova se unía con el Volga. Su hijo, Yuri, continuó sus esfuerzos, apresando rápidamente al príncipe de Mozhaisk en el oeste en 1303 y casi duplicando sus posesiones. Aun así, en comparación con otros principados, el territorio de Yuri de Moscú era insignificante; sin embargo, se había establecido una base lo suficientemente buena como para disputar el dominio a los vecinos de Moscú, mucho más grandes.

Es importante destacar que, por aquel entonces, los mongoles aún reinaban libremente en Rusia. Para asumir el título de gran príncipe, el candidato debía hacer una visita al kan y pedir un *yarlyk*, una bendición del gobernante mongol para convertirse en el gran príncipe de los principados rusos. También debía jurar lealtad a la horda. Tras encarcelar al príncipe de Mozhaisk, el príncipe Yuri visitó al kan para intentar conseguir el *yarlyk*, argumentando que tenía derecho legítimo al ser descendiente de Alejandro Nevski. Sin embargo, el kan entregó el *yarlyk* a Mijaíl de Tver, gobernante de una provincia vecina que había prometido al kan más concesiones y una mayor cantidad de tributo anual.

Esto complicó la relación entre Yuri y Mijaíl, y pronto Moscú y Tver se convirtieron en feroces rivales. Afortunadamente para Yuri, Mijaíl resultó ser un gobernante infructuoso. No solo no cumplió las expectativas del kan, sino que enfureció a los rusos ortodoxos cuando intentó instalar a su candidato preferido como nuevo jefe de la iglesia en Vladímir. El legítimo metropolita Pedro, que había sido instalado desde Constantinopla (la Iglesia rusa no era independiente por entonces), no tenía motivos para apoyar a Mijaíl de Tver, que había intentado reducir su legitimidad desafiando su posición. En su lugar, el metropolita Pedro forjó una estrecha relación con Yuri de Moscú. Su sucesor, el metropolitano Teognosto, se dejó influir por su predecesor y trasladó la sede oficial del metropolitano de Rusia a la ciudad de Moscú, lo que aumentó enormemente la importancia de la ciudad a los ojos del pueblo ruso y dio comienzo a la cadena de acontecimientos que acabarían por encumbrar a Moscú.

En los años siguientes, Yuri de Moscú consiguió arrebatar el título de gran príncipe a Mijaíl de Tver visitando personalmente la ciudad de Sarái, en el Bajo Volga —sede del kan de la Horda de Oro— y forjando estrechas relaciones con el nuevo kan, Uzbeg. Incluso consiguió casarse con la hermana del kan, Konchaka. Tras ganarse el apoyo de la horda, Yuri consiguió oficialmente el *yarlyk* del kan, lo que le valió el título de gran príncipe. Fue fundamental, ya que Yuri era ahora no solo el príncipe de Moscú, sino también el gran príncipe de Vladímir-Súzdal, la capital de facto de la Rusia medieval, lo que le granjeó la fama y el estatus que tanto necesitaba.

Durante el resto del siglo XIV, el principado de Moscovia intentó expandir su influencia sobre los territorios limítrofes, aunque se vio constantemente desafiado por Tver. Sin embargo, tras ganarse el favor de la horda, Moscovia se encontraba en una posición mucho más ventajosa. Los gobernantes moscovitas forjaron alianzas con diferentes principados, y estos acuerdos les resultarían muy útiles. La ciudad de Moscú comenzó a crecer en importancia, especialmente gracias a que la sede de la metrópoli fue transferida a ella. Con el tiempo, tras la caída de Constantinopla en 1453, Moscú reivindicaría el famoso título de «Tercera Roma», subrayando aún más su estatus no solo en Rusia, sino en todo el mundo cristiano.

Iván Kalitá, el hermano menor de Yuri, que se ganó el apodo de Kalitá («bolsa de dinero») por su carácter generoso, consolidaría y ampliaría aún más el poder que ostentaba Moscovia. Iván Kalitá adquirió nuevos territorios en el Transvolga, acercando Moscovia a las rutas comerciales asiáticas, lo que aseguró el flujo de nuevas riquezas a su reino. Durante su reinado, los príncipes empezaron a tomarse más en serio el título de gran príncipe.

Gracias a las adquisiciones territoriales de Iván Kalitá, este tenía a su cargo una extensión de tierra muy grande y ambicionaba considerarse no solo el gran príncipe de Vladímir-Súzdal, sino también de toda Rusia. Esta distinción pronto empezaría a tomar forma, ya que el gran príncipe comenzaría a ser la única persona a la que se le permitiría tener contacto directo con el kan. Antes, cualquier príncipe podía acercarse al gobernante de la horda en casos de necesidad.

A medida que crecía la influencia de Moscovia, también aumentaba el número de sus enemigos. A la muerte de Iván Kalitá en 1340, casi todos los principados del este de Rusia estaban prácticamente unidos, habiendo jurado lealtad al gran príncipe de Vladímir. Esta consolidación del poder en el este, a su vez, hizo que los principados occidentales cayeran presa del vecino reino de Lituania, cuyo gran príncipe Algirdas consiguió hacerse con el control de la mayor parte de Rusia occidental en la década de 1350 e incluso se apoderó de Kiev en 1361. Algirdas veía a Moscovia como su rival directo y una amenaza para la Lituania católica, por lo que viajó para capturar la ciudad en tres ocasiones diferentes, pero no tuvo éxito.

En 1375, Algirdas pidió ayuda al príncipe Mijaíl Aleksandrovich de Tver, que había negociado en secreto el *yarlyk* con el kan en Sarái. Juntos, ambos marcharon contra la ciudad de Vladímir, con Mijaíl afirmando ser el nuevo gran príncipe, pero ambos fueron finalmente rechazados por el gran príncipe Dimitri Donskói de Moscú y Vladímir-Súzdal. El ejército de Dimitri estaba formado en su mayoría por tropas de las regiones que habían sido adquiridas durante la expansión de Moscovia, lo que acentuaba aún más el hecho de que estos principados eran leales al gran príncipe.

Tras enterarse de que los mongoles habían negociado con Mijaíl de Tver a espaldas del gran príncipe Dimitri, la relación entre la Horda de Oro y Moscovia empezó a deteriorarse lentamente. Técnicamente, los gobernantes moscovitas seguían necesitando *yarlyks* de Sarái para ser nombrados gran príncipe, pero como ya hemos mencionado, el cargo se había independizado en gran medida de los mongoles y había ganado mucha más prominencia tras el ascenso de Moscú. Además, la Horda de Oro se enfrentaba a innumerables problemas internos, con diferentes clanes, descendientes del gran Gengis Kan, disputándose entre sí el control de las vastas tierras del imperio.

A finales de la década de 1370, los mongoles atacaban e incursionaban con regularidad en las tierras gobernadas por Moscovia, algo que provocó dudas en la mente de los funcionarios moscovitas sobre si el dominio mongol era beneficioso o no para el futuro del país. Crucialmente, en 1380, en otro intento de socavar el creciente poder de Moscú, el líder mongol, Mamái Khan, dirigió una fuerza de unos 200.000 hombres contra el príncipe Dimitri, este último apoyado por el príncipe de Riazán y los lituanos. El gran príncipe Dimitri se enfrentó al enemigo en Kulikovo, cerca del río Don, con unos 150.000 soldados y logró derrotar decisivamente a los mongoles. Esta legendaria victoria le valió a Dmitri el apodo de «Donskói» («del Don»). La batalla de Kulikovo sería la primera muestra de resistencia rusa contra el dominio mongol. Los mongoles acabarían siendo expulsados de Rusia unos cien años más tarde.

Iván el Grande

A pesar del éxito en Kulikovo, los gobernantes mongoles se mantuvieron firmes en su intención de conservar su influencia sobre los líderes de Rusia y procedieron a tomar represalias reuniendo rápidamente nuevos ejércitos para atacar Moscovia mientras Dimitri Donskói se recuperaba de sus pérdidas. A principios de la década de 1380, las incursiones de la caballería mongola devastaron la campiña del Bajo Volga, los asentamientos rusos cayeron presa de los invasores y provocaron una recesión económica que frenó la expansión moscovita. Sin embargo, estas incursiones no rompieron la unidad de Moscovia, y el hijo y sucesor de Dmitri Donskói, Basilio I, consiguió mantener los territorios ampliados. En lugar de responder a los mongoles con más agresiones, Basilio I adoptó un enfoque pacífico, visitando a Sarái y pidiendo al nuevo kan su perdón y bendición. Sabía que, a pesar de todos los éxitos cosechados por Moscovia en las últimas décadas, aún era demasiado pronto para emprender una guerra total de liberación. Además, Basilio I consolidó el poder que Moscú tenía sobre los príncipes vecinos y contribuyó aún más a formar la base de lo que más tarde se convertiría en Rusia, sabiendo que la liberación del dominio mongol estaba cerca. Los rusos solo tenían que esperar pacientemente la oportunidad de atacar.

El gobernante moscovita que finalmente conduciría a los rusos a la independencia fue el nieto de Basilio I, Iván III, hoy conocido como «el Grande» por sus esfuerzos. Ascendiendo al trono en 1462, Iván III se encontró en medio de un complejo clima político. Entre los últimos acontecimientos geopolíticos se encontraba la caída de Constantinopla en manos de los otomanos en 1453, que amplificó el papel simbólico de Moscú como «Tercera Roma» y nuevo portador de la antorcha de toda la cristiandad. Además, su padre, Basilio II, había luchado con el vecino príncipe Yuri de Gálich por el dominio de las tierras rusas, así como con los lituanos, que habían aumentado su influencia sobre los principados rusos occidentales. Sin embargo, lo más interesante fue sin duda el debilitamiento del Imperio mongol y su división en múltiples reinos rivales. Estaba el kanato de Crimea, que ocupaba la costa septentrional del mar Negro, y el kanato de Kazán, en el este. Esta división complicó la dinámica de poder de la región y afectó especialmente a los gobernantes rusos, que estaban confusos sobre qué kanato era más legítimo. Era evidente que los mongoles, de un modo u otro, estaban perdiendo el control de Rusia.

Iván el Grande se dio cuenta de que tenía que actuar. Primero empezó a consolidar su poder estrechando lazos con la nobleza boyarda, que eran los principales terratenientes y catalizadores de los ejércitos moscovitas. Implantó nuevas reglas de etiqueta para realzar la importancia del título de gran príncipe y se aseguró de que todos los príncipes menores las cumplieran estrictamente. Iván fue el primer gobernante en adoptar el título de zar, adoptado de la palabra romana César.

Una decisión muy impactante que tomó Iván III fue emprender una campaña contra Nóvgorod en 1471, durante la cual consiguió subyugar finalmente la rica ciudad y sus tierras tras siglos de ser libres. En el pasado, el control de Nóvgorod había demostrado ser crucial para obtener cualquier tipo de ventaja militar o económica para los gobernantes rusos, e Iván III no fue una excepción. Instaló a un gobernador moscovita en la ciudad, limitando su libertad y gobierno local antes de incorporarla finalmente a los territorios de Moscovia. Iván también derrotó a los antiguos principados rivales de Tver y Riazán, haciéndose con el firme control de sus tierras y llevando a Moscovia a la posición más dominante que jamás había disfrutado.

Luego vino el objetivo principal de la liberación de los mongoles. Reconociendo la relación hostil entre los diferentes kanatos, Iván el Grande reunió a su ejército, con diferentes principados aportando tropas de sus tierras, y forjó una alianza con el kanato de Crimea para hacer frente a Sarái y al resto de la Horda de Oro. En 1480, el kan Ahmed de la Gran Horda emprendió una campaña contra Moscú con el mismo objetivo que muchos de sus antepasados: «castigar» a los rusos, demasiado confiados, y reafirmar el dominio mongol.

En octubre, los dos ejércitos se encontraron en el río Ugrá, donde Iván había asumido una posición defensiva. Sabía que los mongoles, con su famosa caballería, eran los favoritos para ganar una batalla abierta, por lo que decidió hacer tiempo, esperando la llegada del invierno, que obligaría al enemigo a retirarse. En lo que se conoce como la gran batalla de Ugrá, los dos bandos se enfrentaron varias veces, y Ahmed Khan y su poderoso ejército intentaron cruzar el río sin éxito. Tras fracasar una y otra vez, llegó el invierno y, tal y como esperaba Iván, el tiempo obligó a los mongoles a retroceder sin que hubieran hecho ningún progreso.

La gran batalla fue una victoria crucial para Iván y Moscovia y se considera el fin del dominio mongol sobre Rusia. Después de que los invasores regresaran a Sarái, Iván nunca les pagó el tributo anual, y el título de *yarlyk* no volvería a otorgarse a futuros gobernantes. La Gran Horda (lo que quedaba de la Horda de Oro) pronto vería su desaparición completa debido a disputas internas. Ahmed Khan fue asesinado por sus rivales, y la Gran Horda sería conquistada por el kanato de Crimea en el siglo XVI. Rusia se había liberado definitivamente de los mongoles.

Aunque la liberación de los mongoles se considera el mayor logro de Iván III, este contribuyó en gran medida a la formación de un Estado ruso estable y unificado. Ya hemos mencionado brevemente las políticas internas que le permitieron centralizar más poder. Con el aumento de la importancia de Moscú como nuevo centro de la cristiandad, el reinado de Iván el Grande se considera una especie de renacimiento de la Iglesia ortodoxa rusa, que se reformó y modernizó en gran medida. La iglesia, por primera vez en mucho tiempo, pasó de ser una institución asociada estrictamente a las clases más altas a algo universal. El monacato se convirtió en una noble aspiración, y la ortodoxia ocupó un lugar central en la vida del pueblo ruso. El respeto por la religión se impregnó en las mentes colectivas de los rusos y podría decirse que fue una de las primeras verdaderas identidades nacionales rusas. Se construyeron nuevas iglesias y el clero desarrolló una buena relación con el gran príncipe, que nunca dudó en ayudarlos.

Iván el Grande también brilló en política exterior, convirtiéndose en el primer gobernante ruso en forjar lazos diplomáticos con numerosos estados europeos y de Oriente Próximo, como el Sacro Imperio Romano Germánico, el Imperio otomano y Persia. También estabilizó la situación en los principados rusos occidentales al firmar la paz con la Orden de Livonia en la costa del Báltico, a la que consideraba un futuro corredor hacia el mundo occidental. Este concepto sería desarrollado por Pedro I cuando construyó el primer puerto ruso del Báltico, San Petersburgo. A finales de la década de 1590, Iván III centró su atención en la creciente amenaza lituana en el oeste, derrotando a los príncipes lituanos en varios encuentros y obligándolos a renunciar a sus pretensiones sobre las tierras rusas limítrofes. A principios del siglo XVI, Iván había logrado debilitar la posición de Lituania y llegar a un acuerdo de paz.

En definitiva, Iván el Grande, el primer zar, fue sin duda uno de los líderes más influyentes de Moscovia. Consolidó rápidamente su estatus y poder tras convertirse en gran príncipe, amplió los reinos en su poder, liberó al país del dominio tiránico de los mongoles y reformó las instituciones de Moscú para lograr un periodo de estabilidad interna y crecimiento económico. Durante su reinado, Moscovia emergió como potencia dominante en la región y experimentó un gran progreso hacia la formación del primer estado ruso unificado.

Capítulo 2: El último de los Rurikíes

Antes de que los Romanov asumieran el gobierno de Rusia y se convirtieran en una de las dinastías más famosas de la historia mundial, la nación experimentó un periodo de lento declive que acabó desembocando en los últimos días de la dinastía Rúrika. La época de esplendor de Iván el Grande solo duraría un tiempo antes de que el país volviera a sumirse en el caos. Tras la muerte del zar Iván IV (Iván el Terrible, como se lo conoce infamemente en la historia debido a las atrocidades que cometió durante su reinado), Rusia se encontró en un periodo de confusión, desesperación e incertidumbre. Esta breve pero impactante época, llamada acertadamente «Época de la Inestabilidad» (o Período Tumultuoso), fue un punto de inflexión en la historia rusa y marcó el final tanto de los Rurikíes como de la Rusia medieval, actuando como «puerta de entrada» a los primeros tiempos modernos.

Los primeros Romanov saltaron a la fama durante la Época de la Inestabilidad, por lo que es natural que este capítulo se centre en analizar en detalle esas circunstancias para comprender mejor el surgimiento de la nueva dinastía rusa.

Dificultades para la sucesión

A pesar del apodo bastante apropiado de Iván el Terrible, cuando subió al trono en 1547 era, de hecho, uno de los mejores reyes que Rusia había visto en mucho tiempo. Se convirtió en zar tras una breve crisis sucesoria surgida en Moscovia durante los últimos años del reinado de Iván el Grande y que persistió durante décadas tras su muerte en 1505. Diferentes hijos de Iván III reclamaron la legitimidad sobre el trono moscovita durante unos cuarenta años, un hecho provocado por el hecho de que el rey tuviera hijos de sus dos matrimonios. El heredero al trono, Iván el Joven, que era el único hijo de Iván el Grande y su primera esposa, María de Tver, falleció trágicamente en 1490, dejando al anciano rey con un difícil problema de sucesión. En las décadas siguientes se desató la lucha por la sucesión entre Basilio, hijo mayor de Iván el Grande y su segunda esposa, Sofía Paleólogo, y Dimitri, hijo de Iván el Joven. Finalmente, el primero se impuso y fue coronado Basilio III en la primera década del siglo XVI.

El reinado de Basilio III se centró en consolidar el poder del gran príncipe, que había menguado notablemente, ya que algunos príncipes menores no estaban dispuestos a doblar la rodilla ante el nuevo gobernante. Sin embargo, la crisis sucesoria de Moscovia no se detuvo ahí, ya que el nuevo rey no tenía herederos. Tras obtener la bendición del metropolita Daniel, se divorció de su esposa Solomónia, obligándola a hacerse monja, y se casó en su lugar con Yelena (también conocida como Elena) Glínskaya, que finalmente le dio un hijo, Iván. Tres años más tarde, en 1533, Basilio III falleció inesperadamente, convirtiendo a Iván (ahora Iván IV) en el gran príncipe de Moscovia con solo tres años de edad, lo que significó que Yelena se convirtiera en regente antes de que su hijo alcanzara la mayoría de edad.

Durante su regencia, Yelena hizo todo lo posible por proteger el trono de varios competidores, que intentaron aprovecharse de la debilidad de la Corona. Entre los contendientes estaban los hermanos de Basilio III, que creían tener derechos legítimos al trono por ser hijos de Iván el Grande. Durante los trece años siguientes, los hermanos instigaron numerosas rebeliones para intentar apoderarse de la ciudad de Moscú y reclamaron el título de gran príncipe en numerosas ocasiones. Puede que consiguieran socavar a la reina Yelena y al resto de los partidarios reales, pero carecían de respaldo público y de unidad, algo que finalmente hizo que ninguno de ellos saliera victorioso.

Diferentes príncipes menores también desafiaron al joven Iván, pero, para sorpresa de muchos, la Corona perseveró. Iván IV alcanzó por fin la mayoría de edad y estaba en condiciones de gobernar en 1547. El hecho de que mantuviera el control del trono ponía de manifiesto los sólidos cimientos que había construido Iván el Grande, pero no significaba en absoluto que el reinado de Iván IV estuviera exento de problemas.

Iván el Terrible

Un cuadro de Iván el Terrible pintado por Viktor Mikhailovich Vasnetsov
https://commons.wikimedia.org/wiki/File:Ivan_the_Terrible_(cropped).JPG

Así, Iván el Terrible se convirtió en el nuevo zar en 1547. Aunque aún era muy joven (solo tenía diecisiete años), enseguida se puso manos a la obra. Iván era relativamente inexperto en comparación con su abuelo, pero contaba con el apoyo de algunas de las figuras más influyentes de la Rusia de la época. Una de esas personas era el metropolitano Macario, y las primeras reformas que aprobó el nuevo zar afectaron a casi todos los aspectos de la vida religiosa rusa. En los tres primeros años del reinado de Iván se celebraron dos concilios eclesiásticos, cada uno de ellos dirigido por el metropolitano, que acabaron elaborando un libro de estatutos de cien capítulos llamado *Stoglav*, que describía y regulaba minuciosamente los asuntos religiosos. Entre las nuevas reformas se encontraba la crucial implantación de un nuevo calendario ortodoxo ruso con fechas para conmemorar a los santos, lo que, a su vez, dio lugar a la creación de nuevos días de descanso. El *Stoglav* también abordó los detalles relativos al culto en los lugares religiosos y aumentó el número de tierras que poseía la iglesia, un cambio que era una clara indicación de que la iglesia contaba con el apoyo real.

En 1551, en uno de los concilios eclesiásticos se introdujo un nuevo código legislativo. Este nuevo texto legislativo, de nombre *Sudebnik*, proponía nuevas leyes relativas a los procedimientos judiciales y a la propiedad de siervos y tierras. También se añadieron nuevas formas de castigo para los delitos, ampliando en gran medida la legislación ya existente. En conjunto, los primeros años de Iván IV como zar no solo supusieron una ampliación de la importancia de la Iglesia ortodoxa rusa, sino también una expansión legislativa para modernizar Moscovia.

A lo largo de la década de 1550, Iván IV intentó centralizar el poder de la monarquía, siguiendo los pasos de su abuelo. En Moscú, reunió su propio consejo asesor, formado por sus aliados de mayor confianza. El consejo asistía informalmente a Iván en todas las decisiones importantes. En las provincias, Iván redujo el poder de los gobernadores locales, limitándoles el acceso a la legislación local y otorgándoles nuevas responsabilidades en la lucha contra el crimen y la corrupción. Iván y su *Izbrannaya Rada* («consejo elegido») elegían a dedo a los representantes administrativos de Moscú y los colocaban en puestos de poder en las capitales de los principados. Estos individuos dependían directamente del consejo y trabajaban en la implementación de los cambios más deseados por la población local, al tiempo que dependían de Moscú en términos de protección. A los principados también se les asignaban tasas impositivas anuales fijas en función de su situación económica.

La reforma que quizá produjo los mejores resultados para el reino de Iván IV fue la modernización del ejército, largamente esperada. Las nuevas leyes no solo regulaban el número de soldados que cada terrateniente debía proporcionar a la Corona en tiempos de guerra, sino que también dieron lugar a la creación de contingentes militares de élite que recibirían propiedades en Moscú y de los que se esperaba que estuvieran listos para el servicio en todo momento. El ejército se volvió más disciplinado, gracias a las sesiones anuales de entrenamiento en Moscú que aseguraban la preparación de los hombres para el combate. Estos cambios resultaron más que eficaces, ya que Iván IV pudo acabar por fin con las incursiones del kanato de Kazán y conquistó poco a poco los territorios en poder del reino mongol. Al final, el zar se hizo con el control de prácticamente todo el río Volga en 1556.

Desafortunadamente para Iván IV, el éxito de las primeras campañas contra los mongoles en el este no sería seguido por triunfos similares en otros lugares. En lugar de dirigir su ejército hacia el sur para apoderarse de las tierras del kanato de Crimea y acceder a la costa septentrional del mar Negro, el ambicioso zar dirigió su atención hacia el Báltico, una región cuya importancia había aumentado enormemente con Iván el Grande. Cuando Iván IV reinició la guerra contra los livonios en 1558, Moscovia no tenía acceso directo al mar Báltico. Aunque la Orden de Livonia se desintegró rápidamente tras ser repetidamente atacada por potencias mayores en las décadas siguientes, la guerra por el Báltico duraría otros veinticuatro años y consumiría gran parte de los recursos necesarios de Moscovia.

A finales de la década de 1570, Iván IV estaba constantemente en guerra contra los reinos de Suecia, Lituania y Polonia, y a pesar de haber hecho progresos iniciales, estaba sintiendo el peaje de la guerra debido a la presión interna y externa. La reforma militar no fue suficiente para que Moscovia pudiera luchar en múltiples frentes contra múltiples enemigos, y en 1582 y 1583, Iván IV se vio obligado a firmar tratados de paz, haciendo importantes concesiones territoriales a sus enemigos.

A medida que el esfuerzo bélico resultaba cada vez más difícil de mantener, el reinado de Iván entró en un periodo de declive, y las decisiones tomadas por el zar acabarían por ganarle su infame apodo, «el Terrible». A lo largo de la década de 1560, sus acciones aumentaron aún más el poder del zar y, en muchos casos, solo pueden calificarse de puramente autoritarias. En 1564, por ejemplo, todos los territorios rusos se dividieron en *zemshchina* (las tierras del Estado) y *oprichnina* (tierras en posesión del zar). Las posesiones de la Corona aumentaron drásticamente debido a este cambio. Los sirvientes de la *oprichnina* fueron reclutados como una fuerza policial especial y básicamente hacían todo lo que el zar deseaba. Estos individuos, llamados *oprichniki*, eran utilizados por el zar Iván IV para espiar a sus súbditos e imponerles su implacabilidad si sospechaba algo malicioso de ellos. Aunque los *oprichniki* detuvieron a muchos terratenientes, boyardos y funcionarios, la institución resultó fatal para el bienestar del zar, que se volvió cada vez más paranoico.

Esta paranoia y la búsqueda constante de conspiraciones contra su gobierno comenzaron a raíz de las infructuosas campañas militares en el

Báltico. Uno a uno, Iván IV empezó a arrestar, exiliar o directamente asesinar a aquellos que habían estado con él desde el principio de su reinado. Por ejemplo, Iván IV arrestó a los miembros de su consejo elegido después de que le convencieran de firmar la paz con los livonios en 1560. En 1564, el zar se había vuelto tan arrogante y paranoico que consideraba la victoria de su amigo, el príncipe Kurbsky, contra los polacos como una amenaza para el trono. Iván también sufrió un par de traumas psicológicos. El fallecimiento de su esposa, Anastasia, y de su amigo más íntimo, el metropolita Macario, le provocaron más estrés. El temor de Iván a una rebelión de los boyardos conspiradores contra su gobierno lo hizo abandonar Moscú y amenazar con abdicar en tiempo de guerra a mediados de la década de 1560. Durante todo este tiempo, los *oprichniki* continuaron arrestando sin piedad a cualquier persona sospechosa, y estaba claro que la fuerza policial personal del zar no servía para hacer cumplir las leyes, sino para completar personalmente las tareas que les encomendaba Iván.

La ilegalidad y el caos alcanzaron su punto álgido cuando el primo del zar, el príncipe Vladímir, admitió la existencia de una conspiración boyarda para derrocar a Iván tras ser arrestado y torturado por los *oprichniki*. Esto perjudicó al zar, que mandó asesinar a su primo en 1569, dándole un escarmiento y señalando que cualquiera que osara oponerse a él correría la misma suerte. A continuación, ordenó a los *oprichniki* que asolaran las calles de Nóvgorod, de la que sospechaba que albergaba una conspiración contra la corona.

Pero todas estas medidas no bastaron para restablecer la estabilidad. Además de estar ocupado con la guerra en el norte y el oeste, Iván el Terrible también estaba bajo la amenaza constante del sur, donde el kanato de Crimea cruzaba con frecuencia la frontera e incursionaba en los territorios moscovitas. En la década de 1580, cuando Iván se vio obligado a admitir su derrota y firmar tratados de paz, su país ya había entrado en un periodo de declive social, político y económico. Con todos los recursos dirigidos al ejército y el poder arrebatado a los gobiernos locales, Iván fue incapaz de mantener contenta a la población de sus vastos territorios, ya que miles de personas se habían empobrecido. Todos estos factores tuvieron un impacto negativo en la salud mental y física del zar, que culminó en un accidente en 1581, cuando golpeó a su propio hijo en la cabeza con un bastón durante una discusión, destrozándole el cráneo y asesinándolo. Iván pasó el resto de sus días participando cada vez menos en la política del país antes de morir en marzo de 1584. Un prometedor reformador se convirtió en un autoritario paranoico, pero la historia sigue recordando a Iván el Terrible como uno de los últimos zares impactantes de la dinastía de los Rurikíes.

La Época de la Inestabilidad

Como era de esperar, la muerte de Iván el Terrible trajo a Rusia otro periodo catastrófico y caótico. Los historiadores llaman ahora a este periodo la Época de la Inestabilidad (o Periodo Tumultuoso), y no hay un consenso claro sobre cuándo empezó o terminó exactamente. Sin embargo, una cosa está clara: los rusos sentirían los efectos de la Época de la Inestabilidad durante décadas. Las consecuencias sociales y políticas que produjo requieren un análisis bastante profundo, ya que propició la aparición de la dinastía Romanov como familia reinante de Rusia.

Comenzaremos el análisis de la Época de la Inestabilidad justo después de la muerte de Iván el Terrible, porque la fuerza del Estado ruso, que había sido construida por las dos generaciones anteriores, comenzaría a menguar rápidamente a finales del siglo XVI. El sucesor de Iván el Terrible fue su hijo Teodoro (también llamado Fiódor), un rey con una personalidad bastante diferente a la de su «terrible» padre.

A Teodoro no le interesaba mucho la política, y prefería dedicar su tiempo a leer textos religiosos y componer música sacra. Por ello, la institución que se encargaría de los asuntos rusos fue el consejo de regencia, organizado por el zar y formado por varios príncipes importantes, su tío y, sobre todo, un hombre llamado Borís Godunov, cuñado del nuevo zar. Una de las decisiones más importantes y tempranas del consejo fue exiliar a Uglich al hijo menor de Iván el Terrible, Dimitri, como medida de precaución para evitar posibles luchas por la sucesión. Como veremos más adelante, esta decisión resultó muy costosa para Rusia.

En cuanto a Boris Godunov, se convirtió rápidamente en el consejero y amigo de mayor confianza del zar. A finales del siglo XVI, Boris Godunov se había hecho famoso por ser un hábil diplomático y una influyente figura política, habiéndose ganado la confianza del consejo de boyardos para entablar relaciones diplomáticas con otros países. Viajó personalmente para dirigirse al patriarca de Constantinopla pidiendo la independencia de la Iglesia rusa, que seguía dependiendo formalmente de la Iglesia ortodoxa griega, a pesar del reciente debilitamiento de esta última debido a la destrucción otomana de Bizancio. La petición de Godunov fue aceptada y, en 1589, el metropolitano de Moscú, Iov (también conocido como Job), fue elegido primer patriarca de la ahora independiente Iglesia ortodoxa rusa.

Además de los logros diplomáticos de Godunov, también condujo al país al éxito en el campo de batalla a lo largo de la década de 1590, consiguiendo recuperar algunos de los territorios del norte de Suecia y esforzándose por poner fin a las incursiones del kanato de Crimea en el sur. A continuación, cerró un acuerdo de paz con Polonia para asegurar el flanco occidental de Rusia, antes de centrarse en los asuntos internos y liderar las nuevas reformas para abordar la migración de los campesinos y solucionar algunos de los problemas económicos de los terratenientes. Con todo, cuando el reinado del zar Teodoro llegó a su fin en 1598, Borís Godunov se había convertido claramente en la persona más importante de toda Rusia, y a veces se lo llamaba el «señor protector» en los registros extranjeros.

El zar Teodoro no tuvo herederos, dejando al país sin un nuevo zar tras su fallecimiento, una situación muy difícil para cualquier monarquía en la época medieval. Teodoro sería el último rey Rúrik en gobernar Rusia tras casi setecientos años de reinado de su familia. Su muerte llevó al patriarca Iov a convocar un gran consejo para discutir la sucesión. Boris Godunov sería el que finalmente ganaría la nominación de la asamblea para convertirse en el nuevo zar en febrero de 1598.

Al principio, Godunov declinó la oferta, pero tras comprobar el abrumador apoyo de la asamblea, aceptó. Sin embargo, a pesar de su ilustre estatus en toda Rusia y Europa, además de su vasta lista de logros diplomáticos y militares, una parte de la nobleza boyarda rusa se mostró reacia a mostrarle su apoyo. Temían que Godunov intentara poco a poco reducir su influencia en el país, por lo que lo desafiaron, nominando a su propio candidato. Sin embargo, a pesar de sus esfuerzos, Borís Godunov fue coronado como nuevo zar de Rusia en septiembre de 1598, enfrentándose rápidamente a los boyardos opositores e iniciando una nueva era en la historia rusa.

Borís Godunov fue una figura política excepcional, pero ni siquiera su poderío bastaría para poner fin a la Época de la Inestabilidad. La serie de desafortunados acontecimientos comenzó con unas cosechas históricamente desastrosas en Rusia entre 1601 y 1603, en las que miles de personas de clase baja murieron de hambre y acabaron en la pobreza.

La situación era tan desesperada que la Corona se vio obligada a liberar las reservas reales y distribuir diariamente alimentos entre los hambrientos. Sin embargo, esto causó aún más problemas, ya que los pobres inundaron las grandes ciudades para recibir sus raciones, pero seguían sin poder conseguir comida. A su vez, crearon bandas y empezaron a asaltar a otros por las ciudades para conseguir suministros. Los índices de delincuencia urbana alcanzaron niveles tan altos que los policías municipales fueron incapaces de hacer frente a las bandas recién formadas, lo que hizo que se reuniera una parte especial del ejército y masacrara a los delincuentes a las afueras de Moscú a finales de 1603.

Las dificultades no acabaron ahí. En medio del caos provocado por la hambruna y el crimen, surgió una persona que de repente ganó mucha tracción entre los plebeyos, ya que estaban desesperados por tener a alguien que los sacara de su miseria, ya que el zar Boris no era capaz de hacerlo. Esta persona decía ser el príncipe Dimitri —el hijo exiliado de Iván IV—, que supuestamente había regresado tras el intento fallido de la Corona de asesinarlo en Uglich. En realidad, el «príncipe pretendiente» o «falso Dimitri», como muchos historiadores lo llamarían más tarde, no era el príncipe Dimitri. Se trataba más bien de un antiguo monje llamado Grigori Otrépiev que se había aprovechado de la miseria del pueblo ruso y decidió presentarse como el «héroe» que necesitaban. Como nadie tuvo tiempo de cuestionar la legitimidad de sus afirmaciones, el pueblo hambriento se unió a él. En 1604, el falso Dmitri llegó incluso a visitar Polonia y Suecia para pedir ayuda militar y financiera a la nobleza local. Prometió que tenía posibilidades de organizar una rebelión en toda regla y debilitar a Rusia, que se había erigido en el actor dominante de la región y había eclipsado su poder gracias a los esfuerzos de Borís Godunov. Así, en otoño de 1604, consiguió el apoyo militar de un par de nobles polacos menores, reuniendo un ejército de unos cuatro mil hombres, mientras el sueco le prometía oro para llevar a cabo sus objetivos.

El falso Dmitri marchó con sus hombres de Lviv (Leópolis) a Moscú, uniéndose en su camino a las poblaciones alteradas de diferentes pueblos, así como a muchos cosacos que habitaban en Ucrania. Los cosacos eran gente muy interesante. Eran étnicamente rusos, pero vivían el estilo de vida nómada de los mongoles, dependientes de los caballos. Como grandes guerreros, valoraban su libertad y querían excluirse de Rusia para formar su propio estado separado; unirse al falso Dimitri era un movimiento lógico. Tras reforzar considerablemente sus efectivos, el príncipe pretendiente fue capaz de vencer toda la resistencia que Borís Godunov pudo oponer.

La moral de los soldados rusos bajo el zar estaba bastante baja, ya que la hambruna había afectado mucho a sus vidas. Tras su derrota en enero contra las fuerzas del falso Dimitri, fueron completamente derrotados, y el príncipe pretendiente se aseguró el paso libre a Moscú. Por si fuera poco, Borís Godunov fallecería en abril de 1605, dejando el reino en manos de su joven hijo, que no tenía ni la experiencia ni la capacidad para gobernar en tiempos tan duros. En el verano de ese mismo año, sería derrocado por los nobles boyardos, que habían guardado rencor a Godunov durante mucho tiempo, y el falso Dimitri pudo marchar por las calles de Moscú sin oposición. Entonces, convocó a la reina María, la madre exiliada del verdadero príncipe Dimitri, y la obligó a admitir públicamente que él era su verdadero hijo. En julio de 1605, Grigori Otrépiev, el príncipe pretendiente, se coronó a sí mismo como nuevo zar de Rusia.

Contra todo pronóstico, Otrépiev había logrado convertirse en zar. Este fue solo el principio de la Época de la Inestabilidad, ya que al nuevo zar le resultaba cada vez más difícil mantener su posición de poder, algo que se debía al hecho de que solo había ascendido al poder como una figura atractiva durante una época de agitación. En realidad, no sabía cómo gobernar un reino, y menos un reino tan vasto que atravesaba tiempos difíciles. Nunca se comportó como un miembro de la realeza, y los descendientes de nobles no tardaron en darse cuenta de lo que había ocurrido. Para ellos, era evidente que el falso Dimitri no estaba capacitado para gobernar, ni siquiera durante un breve periodo de tiempo, ya que lo único que hacía era celebrar banquetes y pasar el tiempo con varias mujeres diferentes. Su lujoso estilo de vida no era propio de un zar ni de un monarca ortodoxo.

Otrépiev intentó compensar a los boyardos devolviéndoles algunos de los privilegios que Iván III e Iván IV les habían arrebatado, pero los boyardos no eran tontos. Muchos de ellos sabían que Otrépiev era un rey ilegítimo y solo lo consideraban un sustituto hasta que se encontrara un reemplazo adecuado o hasta que se pudieran abordar mejor los problemas sociales. Por eso, ninguno de ellos mostró un verdadero apoyo al nuevo zar, a pesar de su aparente gratitud hacia ellos y de que lo habían ayudado a derrocar al hijo de Godunov.

Muchos otros factores contribuyeron también al rápido final del reinado del falso Dmitri. Por ejemplo, los cosacos, cuya ayuda había sido crucial para que triunfara en la rebelión, se negaron a responder a su mandato y le exigieron que renunciara al cargo de zar. Tras su negativa, los cosacos asolaron la campiña rusa y siguieron siendo una piedra en el zapato para la Corona durante años. El pueblo ruso también se dio cuenta rápidamente de la naturaleza fraudulenta del nuevo zar, ya que no puso en práctica ningún tipo de solución a los problemas a los que se habían enfrentado durante muchos años. Tampoco les gustaba el hecho de que el falso Dmitri fuera muy amistoso con Polonia, rival histórico de Rusia. Después de todo, su rebelión había triunfado en gran medida gracias al apoyo financiero y militar de la nobleza polaca menor, y el zar se vería influido por las tradiciones y costumbres occidentales.

El falso Dmitri se casó con Marina Mniszech, de ascendencia polaca. Ella se negó a celebrar una boda según las normas ortodoxas, como era la norma en la Rusia de entonces. En su lugar, insistió en que ambos se casaran según la tradición católica en la catedral del Kremlin de Moscú, una medida que se consideró una absoluta falta de respeto hacia la Iglesia rusa y hacia el pueblo que había confiado su apoyo a falso Dmitri.

En resumen, si el nuevo zar no tenía ascendencia real, era incapaz de gobernar a sus súbditos, se comportaba de forma incompetente y actuaba de forma irrespetuosa, ¿por qué debía permanecer en el poder?

La nobleza boyarda derrocó al príncipe pretendiente con relativa facilidad. Los boyardos estaban disgustados con la situación y, cuando esta empeoró a principios del siglo XVII, instigaron una rebelión y marcharon contra el zar. Liderados por Basilio Shúiski, los boyardos tomaron por asalto el Kremlin, pero no pudieron llegar personalmente hasta Otrépiev, ya que este intentó suicidarse y saltó por una ventana alta. Su cuerpo fue encontrado por los ciudadanos de Moscú y fue mutilado hasta la muerte antes de ser quemado. Las cenizas fueron disparadas desde un cañón. El reinado del falso Dmitri no duró ni un año y fue testigo de uno de los finales más espantosos de cualquier zar en la historia de Rusia.

La lucha por Moscú

La Época de la Inestabilidad no terminó con la rebelión de los boyardos y la destitución del falso Dmitri. Basilio Shúiski sustituyó a Otrépiev como nuevo zar tras ser elegido por un pequeño grupo de rebeldes y moscovitas. La gente de todo el país estaba contenta de que ya no estuviera el príncipe pretendiente. A diferencia de Otrépiev, Shúiski tenía ascendencia noble y era mucho más competente que su predecesor en casi todos los aspectos del gobierno. Su reinado duró los cuatro años siguientes, de 1606 a 1610, y Rusia suspiró aliviada, al menos en comparación con la década anterior.

Una de las primeras cosas que hizo Shúiski —ahora zar Basilio IV de Rusia— fue conceder a los boyardos aún más derechos para equilibrar su poder en relación con el zar. Shúiski comprendió que necesitaría todo el apoyo posible para que su reinado fuera al menos algo más largo que el de su predecesor, y pensó que los boyardos podrían proporcionarle ese apoyo. Sin embargo, el principal problema residía en que no todas las provincias rusas estaban dispuestas a aceptar al zar recién elegido. Los diferentes principados habían funcionado en gran medida por su cuenta; Moscú no ejercía un control efectivo sobre ellos desde principios del siglo XVII. Técnicamente, seguían respondiendo ante el gobierno central, pero a medida que el reinado del zar Basilio entraba en sus primeros meses, muchas provincias se sublevaron.

El zar procedió a hacer frente a estas rebeliones una a una y pudo reprimir la mayoría de ellas gracias a que los rebeldes carecían de un ejército competente. Shúiski contó con el apoyo de los nobles, que reforzaron sus filas con tropas profesionales. Con el tiempo, sin embargo, Shúiski se enfrentaría a su mayor desafío en forma de una insurrección completamente nueva a principios de 1607, liderada por una figura bastante interesante llamada Iván Bolótnikov.

Esclavo convertido en cosaco antes de ser capturado por los mongoles, Bolótnikov había vivido toda una vida de lucha por la libertad, algo que inspiró a muchos de las clases bajas rusas. Finalmente consiguió escapar de su cautiverio a Polonia, donde empezó a reunir partidarios para otra rebelión contra el zar Basilio. Al igual que Otrépiev, se dio cuenta de que era el momento perfecto para hacerse con el puesto de zar para sí mismo. A diferencia del falso Dimitri, Bolótnikov no reunió a la gente a su alrededor solo por su «legítima» reclamación del trono. Por el contrario, fue una figura inspiradora para miles de campesinos, ya que decía que luchaba por ellos.

Así, con una fuerza de unos diez mil campesinos, cosacos y enemigos del zar, intentó arrebatar el título a Basilio Shúiski, marchando hacia Moscú a principios de 1607. Sin embargo, a medida que su movimiento crecía en número, el espíritu de los combatientes disminuía lentamente, y el zar Basilio Shúiski fue capaz de derrotar a los rebeldes en una batalla cara a cara en otoño de ese mismo año.

Irónicamente, la derrota de Bolótnikov desencadenó otra rebelión, señal de que miles de personas seguían disgustadas con el desarrollo de los acontecimientos. En una de las últimas insurrecciones de la Época de la Inestabilidad, surgió otro príncipe Dimitri. Este hombre afirmaba ser hijo de Iván IV y, por tanto, heredero legítimo del trono. Supuestamente había escapado al asesinato tanto en Uglich como en Moscú en 1606. Obviamente, a principios del siglo XVII no existía ningún medio eficaz para difundir la información, y una parte de la turba enfurecida decidió rápidamente ponerse del lado del segundo falso Dimitri.

Lo que hacía el asunto aún más absurdo es el hecho de que la esposa polaca del primer falso Dmitri, Marina Mniszech, afirmaba que el nuevo hombre era su marido, que se había escondido para escapar de la ira de los boyardos, pero que ahora había regresado para rescatar de nuevo al pueblo de Rusia. El nuevo pretendiente reunió a sus partidarios en una pequeña ciudad llamada Túshino y organizó un falso gobierno. Apodado «el ladrón» por los partidarios del zar Basilio, el nuevo falso Dimitri desafiaría el gobierno del zar en Túshino y sus alrededores durante los dos años siguientes, pero no se atrevió a marchar sobre Moscú.

Durante todo el ascenso del segundo falso Dimitri como líder de la nueva rebelión, el zar Basilio Shúiski había estado bastante ocupado combatiendo a los rebeldes en diferentes partes de su reino y había agotado su ejército. Así, se dirigió al rey de Suecia con la petición de que le concediera una fuerza de seis mil hombres a cambio de renunciar a las reclamaciones de las disputadas tierras de Livonia. El rey sueco le concedió los hombres, que el zar Basilio planeaba utilizar para aplastar al segundo falso Dimitri.

Sin embargo, la noticia de la fuerza sueca bajo el mando del zar ruso fue vista como una amenaza directa para el rey polaco, Segismundo III, que decidió romper el acuerdo de paz entre ambas naciones y declaró la guerra a Rusia en 1609. El zar Basilio Shúiski se vio en una situación muy difícil, ya que no solo estaba perdiendo apoyos en las distintas provincias rusas, sino que además tenía que hacer frente a la rebelión del falso Dmitri y a la incursión polaca que se avecinaba.

Afortunadamente para el zar, la invasión polaca desvió la atención de la rebelión de falso Dmitri. Supuestamente, muchos de los partidarios del segundo falso Dimitri lo abandonaron, al darse cuenta de que la amenaza polaca era más grave. Se unieron, de forma extraña, para la defensa de su país después de intentar destruir a su zar durante bastante tiempo. En cuanto al segundo falso Dimitri, tuvo una muerte espantosa, al ser asesinado durante una reyerta que estalló en su campamento poco después de la declaración de guerra de Polonia.

Los polacos tomaron la ciudad de Smolensk a finales de 1609. Smolensk era una ciudad muy importante, ya que se percibía como una especie de puerta de entrada a Rusia desde el oeste. Su control era crucial para la estabilidad del reino. La pérdida de Smolensk debilitó aún más la posición de Basilio Shúiski, que finalmente se vio obligado a abdicar al considerarse incapaz de defender el país de una invasión extranjera.

La asamblea popular, que hizo abdicar al zar y tomar votos monásticos, trató de buscar alternativas adecuadas, otorgando brevemente el derecho a gobernar a un consejo de siete boyardos. En medio de la crisis, el consejo de boyardos decidió que lo mejor sería invitar a un extranjero para que se convirtiera en el nuevo gobernante de Rusia, algo que había ocurrido muchas veces en distintos reinos europeos en la época medieval. Eligieron al príncipe Vladislao de Polonia, hijo mayor de Segismundo III, para que fuera a Moscú y se convirtiera en el nuevo zar.

Sin embargo, Segismundo III no lo aprobó. No le hacía ninguna gracia la idea de que su hijo se convirtiera en el nuevo zar de Rusia, ya que siempre había deseado gobernar él mismo Moscú. Así que, en lugar de detenerse en Smolensk y contentarse con conservar los territorios que históricamente habían sido disputados por Polonia, decidió marchar hacia Moscú. Cuando el pueblo ruso se enteró de los avances de Segismundo hacia el corazón del reino, se dio cuenta rápidamente de que necesitaba resolver sus disputas internas para unirse contra un enemigo común. Esto fue así para la gran mayoría de la población, incluidos los que vivían en las provincias. Muy pronto, los rusos reconocieron la amenaza que un posible invasor extranjero no deseado suponía para la integridad de Rusia y se unieron para evitar tal catástrofe, lo cual fue un movimiento poco característico si tenemos en cuenta el resto de la historia medieval rusa.

El pueblo comenzó a organizarse en grupos de milicias, todas ellas con base en diferentes capitales de provincia. Como el reino seguía sin rey, era necesaria la movilización local en todos los lugares posibles para defenderse no solo de los polacos en el oeste, sino también de los suecos, que tenían como objetivo Nóvgorod en el norte, intentando sacar provecho ellos mismos del caos. Los grupos de milicianos reunieron todos los recursos que pudieron encontrar y no tardaron en ganar adeptos, hasta el punto de que el patriarca Hermógenes les dio su bendición y respaldó su creación. Aunque no consiguieron expulsar a los polacos de Moscú y sus alrededores en 1611, la segunda leva nacional, reunida un par de meses después en Nizhni Nóvgorod, logró recuperar la capital y dar a los rusos la esperanza que tanto necesitaban.

Sin embargo, la Época de la Inestabilidad aún no había terminado, pero había entrado en su etapa final.

Capítulo 3: Los primeros Romanov

La primera década del siglo XVII fue quizá la más difícil de la historia medieval rusa. El proceso que se había iniciado tras la muerte de Iván IV —la búsqueda de un rey adecuado para gobernar Rusia— derivó en años de incertidumbre y caos. Muchos reclamaron el título de zar, pero ninguno fue capaz de ganar suficiente influencia. Como hemos visto, a finales de la década de 1610, una amenaza extranjera uniría al pendenciero pueblo ruso para defender su país y, por primera vez en mucho tiempo, el futuro parecía algo prometedor.

Este capítulo explorará la etapa final de la Época de la Inestabilidad y hablará de cómo las maniobras políticas internas llevaron a la dinastía Romanov a la cima.

La decisión de la Asamblea Nacional

Gracias a los esfuerzos de las levas nacionales que se habían reunido en diferentes provincias rusas para expulsar a los polacos de la capital, la situación se había estabilizado un poco, al menos en comparación con el caos anterior. Sin embargo, tras recuperar el control de Moscú, el pueblo ruso se enfrentó a una cuestión muy importante: ¿quién debía ser el próximo zar? Tras los acontecimientos de la última década, sería difícil encontrar a alguien con derecho legítimo al trono. Así que el asunto se sometió al recién formado Zemski Sobor, un grupo bastante diverso de unos quinientos hombres de diferentes provincias y estratos sociales. Todos tenían curiosidad por ver quién sería nominado para ascender al trono.

La asamblea nacional dio prioridad a encontrar a una persona de clase alta, acostumbrada a las tradiciones y costumbres formales, que tuviera una educación decente y demostrara rasgos de personalidad adecuados para un monarca. La asamblea comenzó a buscar un zar cuando se reunió por primera vez en junio de 1613 y propuso un par de candidatos dignos. Finalmente, tras mucho pensarlo, eligió a un joven de dieciséis años llamado Mijaíl Romanov como próximo zar de Rusia, una decisión que cambiaría para siempre el curso de la historia rusa.

El joven Mijaíl era hijo de Filareto Romanov, patriarca de Rusia. Cuando su hijo fue elegido zar, estaba prisionero en Polonia. Filareto había ascendido al cargo de patriarca durante los reinados de los falsos Dmitri, pero había formado parte de una poderosa familia de boyardos antes de verse obligado a tomar los votos monásticos bajo el reinado de Boris Godunov. En las últimas décadas del siglo XVI, sirvió en el ejército y entabló relaciones diplomáticas con importantes estados como el Sacro Imperio Romano Germánico, lo que le granjeó una gran reputación en Rusia. De hecho, durante la elección de Borís Godunov, también se lo consideró un candidato potencial, pero se lo pasó por alto, algo que acabó provocando que Godunov lo obligara a él y a su esposa a hacer votos monásticos.

En resumen, el patriarca Filareto Romanov fue una figura muy importante en la política rusa de finales del siglo XVI, y el hecho de que también fuera primo hermano por línea directa del último Rúrik, el zar Teodoro, dio a su hijo, Mijaíl, un derecho al trono mucho mayor que el de otros que fueron considerados en la asamblea.

Mijaíl sería coronado zar oficialmente en julio de 1613, el día de su decimoséptimo cumpleaños. Aunque un nuevo zar era un paso significativo hacia la estabilización, el inexperto Mijaíl tenía muchos problemas inmediatos que resolver. El más importante de estos problemas era, por supuesto, la amenaza de los extranjeros a las tierras rusas. En el momento de la elección de Mijaíl, tanto Suecia como Polonia se habían apoderado de grandes extensiones de tierra en el norte y en el oeste, tierras que necesitaban ser liberadas. Rusia no podía disponer de un ejército capaz de competir cara a cara con estas potencias europeas, ya que años de inestabilidad habían destruido por completo el ejército.

La coronación de Mijaíl Romanov

Así pues, Mijaíl decidió firmar la paz con las dos naciones, y estaba dispuesto a transigir a cambio de una mayor estabilidad en su reino. En 1617, con la ayuda de Inglaterra como mediadora, Mijaíl firmó la Paz de Stolbovo, que ponía fin a la guerra con Suecia. Según los términos del tratado, recuperó el control de los territorios septentrionales de Rusia en Nóvgorod, pero se vio obligado a renunciar a las reclamaciones en el golfo de Finlandia. Aun así, fue un acuerdo favorable para el nuevo zar. Le siguió la Tregua de Deulino con Polonia en diciembre de 1618, en la que Rusia cedió el control de la mayor parte de sus tierras occidentales y entregó Smolensk al enemigo.

La situación con Polonia era mucho más tensa que con Suecia, ya que el rey Segismundo se negaba a reconocer la legitimidad del recién elegido zar y seguía reclamando para sí el trono de Moscovia. Aunque los términos de la tregua entre ambas partes favorecieron a Polonia por las ganancias territoriales, también establecieron un armisticio de quince años, tiempo que la débil Rusia pudo aprovechar para aumentar sus defensas y resurgir como actor dominante en la región.

Estos logros diplomáticos contribuyeron en gran medida a estabilizar la situación interna, ya que el campo ruso se vio por fin libre de constantes incursiones. El siguiente acontecimiento importante sería el regreso del padre del zar, Filareto, desde Polonia en 1619. A su llegada a Moscú, Filareto no solo recuperaría el papel de patriarca, sino que también asumiría el título de *Velikiy Gosudar* («gran soberano»), que antes solo ostentaba el zar. Filareto asumiría esencialmente el control del país tras regresar a Moscú, mientras que el zar Mijaíl seguiría el ejemplo de su padre hasta la muerte de Filareto en 1633. A pesar de que la asunción del poder por parte de Filareto fue muy inusual, hay que decir que las reformas que llevó a cabo durante su mandato fueron muy efectivas, utilizando los tiempos de paz de una manera que tendría beneficios a largo plazo para Rusia.

Filareto era una persona de carácter fuerte y había demostrado su valía ante el resto de los boyardos de alto rango, asegurándose el apoyo que tanto había faltado a los zares anteriores. Entre las nuevas políticas figuraba, por ejemplo, el aumento de los fondos destinados al sector agrícola. La agricultura había sido el aspecto más importante de la economía rusa durante toda su historia, e impulsar la producción era una gran decisión. Además, gran parte de las tierras de la Corona, aquellas que habían sido reclamadas por Iván el Terrible como posesión personal, fueron distribuidas entre los militares. La razón de esta medida fue el hecho de que, bajo los nuevos propietarios, estas tierras recibirían más atención y se volverían mucho más rentables, aumentando la riqueza no solo de las familias individuales que las habitaban, sino también del Estado. Los nuevos impuestos aseguraban que la inversión que la Corona había hecho en la agricultura reportaría dividendos a largo plazo.

El Estado también forjó relaciones favorables con varias naciones europeas, sobre todo con Inglaterra, que prestó a la Corona una cantidad considerable, lo que supuso un apoyo muy necesario para un tesoro real bastante vacío. El sector administrativo también fue una gran prioridad. Las decisiones de Filareto y Mijaíl eran a menudo supervisadas por la asamblea nacional, que siguió siendo una institución importante tras la elección del zar. El equilibrio entre el monarca y la asamblea era crucial para el éxito de la aplicación de las nuevas reformas, y ambos luchaban a menudo por asumir un papel más dominante en la toma de decisiones.

Los Romanov anteriores a Filareto

Filareto falleció en 1633, un año después de que Rusia y Polonia entraran de nuevo en guerra. El zar Mijaíl abogó por la paz, pues creía que el país aún no estaba preparado para un conflicto total. Gracias a los esfuerzos diplomáticos de su padre, el Sacro Imperio Romano Germánico negoció un acuerdo de paz entre ambas partes en 1634. Según los términos de la «Paz Eterna», Polonia mantuvo el control de las tierras rusas occidentales, pero el rey Vladislao renunció oficialmente a reclamar el trono ruso. Esto significó que la reivindicación de Mijaíl al trono se hizo aún más legítima, y sus primeros años como «verdadero» rey recibieron un impulso muy necesario. Tras la muerte de su padre, que sin duda había eclipsado al inexperto zar desde su regreso a Moscú, el zar Mijaíl gobernó unos diez años más antes de fallecer en 1645. Aunque el gobierno del primer zar Romanov se había desarrollado en extrañas circunstancias, el reinado de Mijaíl fue relativamente exitoso y prometía un futuro próspero.

A Mijaíl le sucedería su hijo de dieciséis años, Alexis. El zar Alexis sería conocido como *Tishayshiy* («el más tranquilo» o «el más gentil»), ya que se lo consideraba muy inteligente, amable y ecuánime. El nuevo zar, que carecía de experiencia y no estaba muy interesado en la política, dependía en gran medida de su corte para gobernar. Boris Morozov, mentor del zar y descendiente de nobles, asumió rápidamente su influencia.

Sin embargo, los primeros años del gobierno del zar Alexis resultaron muy difíciles, ya que el Estado, que estaba efectivamente bajo las órdenes de Morozov, intentó aumentar los impuestos después de que un censo universal de 1646 determinara la situación económica de la población rusa. El aumento de los impuestos y la reducción de los salarios provocaron el malestar de las masas, y la corrupción se disparó en todo el país. Dos años más tarde, en junio de 1648, la población tomó las calles de la capital, protestando contra las decisiones de la Corona y obligando al zar Alexis a cambiar por completo la élite gobernante que le rodeaba, incluido Morozov.

El príncipe Nikita Odóyevski asumió la mayoría de las responsabilidades que antes ostentaba Morozov, pero a diferencia de su predecesor, era un hombre más honorable e inteligente. Contribuyó en gran medida a la reforma legislativa que llegó un año después, en 1649. Se redactó el nuevo código legal, el «Sobórnoye ulozhéniye». Abordaba los aspectos más importantes de la vida cotidiana de los ciudadanos. Era mucho más favorable a la clase media, que, tal y como se consideraba en el siglo XVII, era la columna vertebral de la economía. El código redujo el poder que ostentaban el clero y la nobleza boyarda, limitando al primero la adquisición de más tierras, mientras que al segundo se le restringía la propiedad campesina. Los comerciantes de clase media vieron grandes beneficios, ya que Arcángel (Arkhangelsk), la ciudad situada en la parte más septentrional del reino, en la costa del mar Blanco, fue nombrada la ciudad donde se concentraría todo el comercio exterior, algo que la mayoría de ellos deseaba desde hacía mucho tiempo. El Sobórnoye ulozhéniye se imprimió y distribuyó a una escala nunca vista; se repartieron unos dos mil ejemplares por todo el país para asegurarse de que todo el mundo estuviera familiarizado con las nuevas leyes. Aunque pocos sabían leer, la noticia se corrió rápidamente.

A pesar de estos cambios, la década siguiente fue muy desafortunada para el zar Alexis. Se produjeron múltiples revueltas en todo el país, y Pskov y Nóvgorod protestaron contra las nuevas regulaciones comerciales, lo que obligó al ejército real a marchar a Pskov para resolver la cuestión con la ayuda de la asamblea nacional, convocada a petición del zar. Cuatro años más tarde, en 1654, Rusia sufrió grandes pérdidas debido a la peste, que destruyó por completo la economía rusa, ya que los trabajadores estaban físicamente incapacitados para cumplir con sus obligaciones. A esto siguió también una inflación masiva, al deteriorarse el comercio exterior. Los esfuerzos por sustituir la moneda nacional por monedas de cobre en lugar de plata resultaron catastróficos. Tras años de crisis económica y social, la Corona se vio obligada a dejar de emitir monedas de cobre y liberar sus reservas de plata en 1663, ya que la decisión había provocado que muchos se alzaran de nuevo en protesta.

También estallaron crisis en la Iglesia ortodoxa rusa, que vivió un periodo de inestabilidad y caos. La primera preocupación principal fue un cisma ortodoxo ruso. Algunos miembros destacados de la Iglesia propusieron nuevos cambios en los antiguos ritos y libros litúrgicos para corregir algunas «inexactitudes». Por supuesto, se les opusieron quienes creían que cambiar los antiguos textos y tradiciones sagradas era una herejía, y estaban dispuestos a mantener sus pretensiones, aunque ello supusiera ser excluidos de la iglesia. El concilio eclesiástico que se reunió en 1654 abordó estas cuestiones y determinó que se añadirían nuevas enmiendas a los textos antiguos, algo que fue confirmado un año después por la Iglesia griega, así como por el Gran Sínodo de Moscú en 1666. Esto no minó el espíritu de los protestantes, que optaron por formar sus propias sectas a pesar de la aceptación de los nuevos textos, lo que provocó que fueran activamente perseguidos. A veces se los denominaba los «viejos creyentes».

La segunda cuestión que preocupó a la Iglesia rusa fue causada por el metropolita Nikon de Nóvgorod, elegido patriarca de Rusia en 1652. El zar Alexis depositó en él una gran confianza y valoró mucho sus consejos, concediéndole incluso el título de «gran soberano» y haciéndolo tan poderoso como lo había sido el patriarca Filareto unos treinta años antes. Sin embargo, el patriarca Nikon acabó cegado por el poder que le había confiado el zar. Quiso establecer el dominio de la Iglesia sobre el Estado, lo que provocó su enfrentamiento con el zar Alexis. Nikon abandonaría Moscú en 1658, sintiéndose insultado y enfurecido, aunque se negó a renunciar a su sede.

Durante los años siguientes, el clero no estaba seguro de seguir al patriarca, ya que se había convertido esencialmente en un enemigo del Estado. En diferentes ocasiones, los funcionarios religiosos debatieron su condición de patriarca, pero no lograron alcanzar un consenso que complaciera tanto a su mayoría como a la Corona. La cuestión se resolvería finalmente en el Gran Sínodo de Moscú de 1666, al que asistieron representantes de Constantinopla, Jerusalén, Alejandría y Antioquía, así como poderosos nobles rusos y miembros de la clase dirigente. El concilio decidió despojar a Nikon de su título y lo exilió al monasterio de Ferapóntov.

Por si los problemas económicos, sociales y religiosos no fueran suficientes, el zar Alexis también tuvo que soportar una grave insurrección armada cosaca. Los cosacos, como ya se ha mencionado, disfrutaban en gran medida de su autonomía y no eran precisamente leales al zar, al menos en la misma medida que los diferentes principados. A lo largo del siglo XVII, emigraron lentamente desde sus territorios originales del río Don hacia el este, disputando a los persas las tierras cercanas al mar Caspio. Bajo un influyente líder llamado Stepán

(Stenka) Razin, que había adquirido notoriedad tras sus campañas contra Persia en 1668 y 1669, los cosacos se sublevaron contra Moscú en 1670, exigiendo más igualdad y derechos como ciudadanos de segunda clase. La insurrección de Razin no tardó en ganar adeptos entre los campesinos y las clases bajas, y se extendió no solo a los habitantes de la cuenca del Volga, sino también a quienes se oponían en general al gobierno del zar. Su ejército, que contaba con unos diez mil hombres, saqueó ciudades y pueblos en su camino hacia Moscú, que era su objetivo final. A lo largo de la rebelión, Razin inspiró a miles de personas a levantarse contra el zar y los crueles nobles boyardos, que habían maltratado a sus súbditos durante siglos.

En 1671, el zar Alexis pudo reunir tropas suficientes para aplastar la rebelión, gracias a la ayuda de miles de mercenarios extranjeros que había contratado para servir temporalmente y derrotar a los cosacos. El zar pudo tratar a los cosacos de la forma más despiadada, ya que habían sido brutales a la hora de saquear y asaltar los asentamientos rusos.

Tras su muerte en 1676, el zar Alexis fue sucedido por su hijo Teodoro, el mayor de los hijos de la primera esposa del zar. El zar Teodoro III gobernó durante seis años y, debido a su mala salud, se vio muy influido por los poderosos individuos que le rodeaban. El príncipe Basilio Golitsin y los boyardos Iván Yazykov y Alexei Likhachev asumieron básicamente el gobierno del país, influyendo en las decisiones más importantes y supervisando de cerca los asuntos cotidianos. Además de algunas reformas administrativas, destinadas a solucionar los problemas fiscales de la Corona, también participaron en la difusión de algunas costumbres occidentales entre la nobleza rusa, como el estudio del latín y el catolicismo. Bajo el zar Teodoro, se fundó en Moscú una nueva academia greco-latino-eslava, que supuso un gran avance en el campo de la educación, proporcionando a los niños pobres un acceso muy necesario a una enseñanza de alta calidad.

Desgraciadamente, el reinado de Teodoro duró poco y el zar murió sin herederos. Le sucedieron sus hermanos Iván V y Pedro, que gobernaron conjuntamente. Esto marcó el comienzo de una nueva era en la historia rusa. El periodo prepetrino de la Rusia de los Romanov, decisivo por sus consecuencias políticas y sociales y por haber logrado sacar al país de la devastadora Época de la Inestabilidad, había llegado a su fin. El periodo prepetrino tuvo ciertamente sus altibajos, pero como demostraría la historia, lo que estaba por venir sería mucho más glorioso.

Capítulo 4: Pedro el Grande

Pedro el Grande es una de las figuras más famosas de la historia rusa. Se lo conoce por sus reformas, que influyeron en todos los aspectos de la vida rusa, y a menudo se considera que fue la persona que modernizó la «anticuada» Rusia, implantando un nuevo estilo de vida europeo y contribuyendo en gran medida a la lucha de Rusia por encontrar una identidad. Fue sin duda uno de los mejores gobernantes Romanov, por lo que es justo dedicar un capítulo entero a su reinado.

Ascensión y primeros años

Pedro ascendió al trono de Moscovia en condiciones poco naturales. Debido a la prematura muerte del zar Teodoro, medio hermano mayor de Pedro y sin descendencia, el país se sumió en otra crisis sucesoria, pero esta vez la disputa se resolvió con relativa facilidad en comparación con otros casos de la historia rusa.

El punto de discordia era entre la familia de la primera esposa del zar Alexis (los Miloslavsky) y la familia de su segunda esposa (los Naryshkin). Pedro, hijo del zar Alexis de su segunda esposa, fue apoyado por los Naryshkin, mientras que su hermanastro mayor, Iván, fue favorecido, naturalmente, por los Miloslavsky.

Al principio, los Naryshkin se hicieron con el poder, y el Zemski Sobor —la gran asamblea consultiva que se había transformado enormemente desde que Iván IV la convocara por primera vez en el siglo XVI— proclamó zar a Pedro. Sin embargo, esto no duró mucho, ya que los Miloslavsky instigaron una revuelta para socavar el poder de los Naryshkin, atacando el Kremlin y matando a varios de sus rivales.

Finalmente, el 26 de mayo de 1682, un día después de la revuelta, ambas partes llegaron a un acuerdo. Iván y Pedro gobernarían conjuntamente, como zares mayor y menor, respectivamente. El gran consejo también aconsejó que, antes de que los dos zares adquirieran suficiente experiencia, el poder real lo ostentara la hermana de Iván, Sofía, que se convirtió así en reina regente (con bastante éxito, además).

La reina Sofía contribuyó bastante al próspero futuro de Rusia, especialmente en los frentes diplomático y administrativo. En 1686, por ejemplo, firmó un tratado con Polonia que otorgaba a Rusia la plena posesión de Kiev. Esto provocó que la Corona decidiera seguir una política de expansión en el sur para acceder mejor al mar Negro, ya que era un corredor hacia el resto del mundo. Era el momento oportuno, ya que la situación en el Báltico era muy tensa. El príncipe Basilio Golitsin, que ejerció de ministro principal durante el reinado de Sofía, ayudó a la reina en muchas de sus reformas.

Mientras tanto, el zar menor, Pedro, vivía en Preobrazhenskoe, en las afueras de Moscú, donde recibió su educación. Se aficionó cada vez más a la guerra y a las campañas militares, algo que influyó en su reinado una vez convertido en zar. Como pasaba el tiempo fuera del Kremlin, en su juventud conoció a muchas personas interesantes que más tarde se convertirían en sus amigos de confianza, como un suizo llamado Franz Lefort, que acabó siendo nombrado almirante y general de Pedro. Quizá ninguna otra persona tuvo más impacto en el joven Pedro que su maestro, Franz Timmerman, de origen holandés. Le enseñó geometría y aritmética. Timmerman fue también el primero en llevar a Pedro al puerto de Arcángel, donde Pedro vio por primera vez barcos mercantes ingleses y holandeses. Quedó maravillado y se enamoró del mar y de la construcción naval.

Todas estas interacciones con occidentales diferenciaron a Pedro de sus predecesores, que, según él, carecían de los rasgos propios de los europeos. Desde la adolescencia, Pedro veía a Europa como un símbolo de libertad, conocimiento y progreso, mientras que Moscovia, corrupta como era, representaba la ignorancia y el pasado. Pedro aprendió a hablar varias lenguas extranjeras, entre ellas alemán y holandés, y viajaba regularmente a otros países para experimentar de primera mano lo que significaba ser europeo. En definitiva, el joven Pedro tenía muchas pasiones e intereses y poseía una visión del mundo desde el principio, lo que lo diferenciaría de casi todos los demás zares rusos que le precedieron.

Un cuadro de Pedro el Grande

Pedro se casó con Eudoxia Lopujiná en enero de 1689 y estaba en edad de empezar a pensar en un posible heredero, un asunto que aún estaba en el aire debido a la naturaleza apresurada del zarato conjunto. Sospechando que el príncipe Golistin y la reina regente Sofía planeaban conspirar contra él, Pedro huyó de Preobrazhenskoe mientras su familia, los Naryshkin, se movilizaba contra la reina y sus partidarios. Lograron salir victoriosos, exiliando a Golitsin y obligando a Sofía a hacer votos e ingresar en un convento a las afueras de Moscú. En tales circunstancias, Pedro e Iván pudieron gobernar sin la interferencia de Sofía en 1689. Aun así, Pedro decidió no implicarse plenamente en el gobierno del país y regresó a su morada de Preobrazhenskoe. Sin embargo, al cabo de siete años, Iván falleció trágicamente debido a su mala salud, por lo que Pedro pasó a ser el único zar de Rusia.

Reforma militar

Pedro el Grande fue, como su título podría sugerir, un gran reformador, que transformó todos los aspectos de la vida rusa durante su reinado. Una vez convertido en zar en 1696, se enfrentó a una larga lista de problemas que requerían atención inmediata. Para sorpresa de muchos, el joven zar fue capaz de abordarlo todo, algo que se debía a su personalidad resiliente y segura de sí misma.

Uno de los asuntos más importantes era la cuestión del ejército ruso, que se había debilitado bastante tras décadas de problemas internos y guerras en el extranjero. Era evidente que necesitaba un cambio de arriba abajo, sobre todo porque Pedro estaba en guerra desde el día de su acceso al trono. En el momento de su ascensión, el ejército se encontraba en mal estado debido a la ineficacia de los antiguos regimientos, que se habían corrompido y convertido en pseudoprivilegiados. Por ejemplo, el *streltsy* —el ejército permanente que contaba con unos veintidós mil hombres— estaba muy anticuado y mal equipado, pero seguía cobrando regularmente y disfrutaba de su posición como «guardia de palacio» del zar. La caballería feudal, que era uno de los regimientos más antiguos de Rusia, resultaba ineficaz de mantener, ya que estaba compuesta por terratenientes que no debían al rey un servicio a tiempo completo. Además, desde la década de 1630, algunos oficiales occidentales habían sido puestos al mando de unidades especiales extranjeras, que constituían el grueso del ejército, pero eran, a su vez, muy caras.

Pedro comenzó a reorganizar el ejército a finales de 1699, tocando primero los asuntos del reclutamiento y los voluntarios. A los voluntarios se les ofreció más paga y comida para aumentar su motivación para alistarse en el ejército, y su número aumentó con el paso de los años, sobre todo desde que Pedro se hizo un nombre con sus exitosas campañas. Además, según las nuevas leyes, los terratenientes, la alta burguesía y el clero debían proporcionar cada uno un soldado de infantería por un número fijo de hogares (por ejemplo, el clero debía reclutar un soldado por cada veinticinco hogares campesinos). Los nuevos reclutas no podían ser siervos para garantizar que la producción agrícola continuara al mismo ritmo, y además debían servir de por vida.

Estos nuevos reclutas se organizaron en diferentes regimientos de a pie y de caballería, y se sometieron a un intenso entrenamiento para asegurarse de estar siempre en forma para la batalla. Pedro también empezó a reentrenar a los oficiales rusos para que cumplieran los estándares occidentales, algo que aumentó la eficacia del ejército y sentó las bases de una tradición militar más profesional. Pedro compró miles de mosquetes y pistolas europeos cuando visitó Inglaterra en 1698, y sus diseños fueron copiados y aprobados para su fabricación en los años siguientes. Se añadieron nuevos cañones al ejército y a las fortalezas rusas para reforzar las defensas, y el personal fue reentrenado para manejar el nuevo equipo. Incluso se encargaron nuevos uniformes, inspirados en los alemanes.

En conjunto, el tamaño y la eficacia del ejército crecieron enormemente durante el reinado de Pedro, y algunas estimaciones sugieren que alrededor de 300.000 personas sirvieron en el ejército durante su gobierno, con más de 250.000 efectivos en activo en su mayor extensión. Lo que hacía especial al ejército no era solo su número, sino también el hecho de que Pedro se aseguraba de que se mantuvieran al día con los nuevos avances en tecnología y estrategia, y volvían a entrenar activamente cada año.

Un aspecto importante que también experimentó mejoras colosales durante el reinado del zar Pedro fue la Armada rusa. El gran amor de Pedro por la construcción naval desempeñaría un papel importante, ya que Rusia nunca había tenido una armada lo suficientemente competente como para desafiar a sus rivales. Los gobernantes rusos del pasado nunca se habían planteado construir una gran fuerza naval, ya que requeriría mucho tiempo y recursos. Por ello, el zarato carecía de buenos constructores navales, y los barcos que fondeaban en los puertos rusos eran de propiedad privada y de origen extranjero. Sin embargo, Pedro se dio cuenta de que, sin una armada fuerte, Rusia sería incapaz de hacerse con el control de los mares Báltico y Negro, que eran los dos únicos corredores marítimos de que disponía Rusia para acceder al resto del mundo.

Se tomaron varias medidas para aumentar la flota. Pedro había adquirido bastantes conocimientos en sus viajes e invitó a varios experimentados constructores navales europeos a que fueran a compartir su experiencia. Encargó la construcción de galeras y barcazas en la ciudad de Vorónezh. Pero para aumentar aún más el tamaño de la armada, también ordenó a los terratenientes y a la iglesia que suministraran un barco por cada ocho mil hogares, al igual que había hecho a la hora de reclutar soldados. Como resultado, el número de barcos rusos creció casi exponencialmente durante los primeros quince años de su reinado. En 1725, los registros muestran que la flota rusa del Báltico se había convertido en la mayor de la región, contando con unos 28.000 marineros en activo, 34 grandes buques de guerra, 15 fragatas y muchas galeras. Esto también significaba que la Corona gastaba mucho en mantenimiento; la armada costaba más de un millón de rublos en 1724, frente a los cerca de ochenta mil rublos de principios del siglo XVIII.

Para asegurarse de que las reformas que Pedro había llevado a cabo en los primeros años de su reinado seguían siendo efectivas y de que el progreso del ejército y la marina no se viera frustrado, el zar también creó varias instituciones que inspeccionaban al ejército. El Departamento de Asuntos Militares, la Cancillería de Guerra y la Escuela Superior de Guerra se crearon en 1719 para supervisar la evolución del ejército y asegurarse de que los problemas se resolvían con rapidez y competencia. La academia naval de San Petersburgo, por su parte, empleaba a muchos oficiales de marina extranjeros y formaba a marineros rusos. Además, muchos aspirantes a soldados y marineros rusos fueron enviados a Europa para adquirir experiencia de primera mano en sus respectivos campos y traer de vuelta valiosos conocimientos que pudieran compartir con sus compatriotas. En definitiva, los avances militares siguen siendo una de las medidas más eficaces adoptadas por Pedro el Grande.

Rusia en guerra

Ahora es lógico analizar cómo estos avances militares influyeron en las guerras que Rusia sufrió durante el reinado de Pedro el Grande. En el momento de su ascensión, Rusia tenía dos rivales principales: Suecia en el norte, con quien el país tenía una historia de conflictos, y el Imperio otomano en el sur, que había alcanzado la cima de su fuerza y había extendido su influencia para dominar el mar Negro. Obtener una ventaja significativa sobre estas potencias reportaría grandes beneficios económicos y respeto, ya que las demás naciones europeas estaban pendientes del desarrollo de la situación. Dado que Pedro deseaba que Rusia se convirtiera en un verdadero miembro de la familia europea, era necesaria una victoria militar decisiva.

Aunque Rusia y los otomanos no habían entrado en guerra, llevaban un par de décadas mirándose con recelo cuando Pedro se convirtió en zar. Ninguno de los dos tenía justificación suficiente para entrar en un conflicto total con el otro, por lo que no es de extrañar que Pedro declarara la guerra a los otomanos cuando se presentó la ocasión. Las continuas incursiones de los tártaros de Crimea en las tierras del sur de Rusia llevaron a Pedro a lanzar una campaña contra la fortaleza turca de Azov en 1695/1696. Lo interesante es el hecho de que el zar Pedro sirviera en el ejército como sargento bombardero, algo que solo puede atribuirse a su entusiasmo por la guerra y a su personalidad.

Los primeros intentos de marchar con éxito contra los otomanos fracasaron, ya que las inexpertas y aún algo poco profesionales fuerzas rusas se enfrentaron a problemas de abastecimiento. Sin embargo, esto no impidió a Pedro cambiar el mando del ejército y realizar un nuevo intento de capturar la fortaleza. Pedro aumentó el tamaño de su ejército y encargó la construcción inmediata de una armada en Vorónezh, transportando literalmente barcos por tierra desde el corazón del reino hasta el sur para que los constructores navales tuvieran un modelo con el que trabajar. Movilizó personalmente sus fuerzas y supervisó la construcción de la flota, que fue la primera armada que construyó durante su reinado, y se dispuso a capturar Azov una vez más.

A finales de julio de 1696, los rusos habían logrado arrebatar Azov a los otomanos, y Pedro era ahora uno de los capitanes de las galeras. La victoria en Azov fue muy importante para asegurar el paso al mar Negro y resultaría útil en el futuro contra los otomanos. De hecho, los esfuerzos de Pedro contra los otomanos lo impulsaron a empezar a aplicar rápidamente muchas de las reformas militares que hemos comentado anteriormente.

Lo que siguió a la campaña de Azov fue otra de las decisiones más intrigantes de Pedro, ya que decidió viajar a diferentes países europeos para unir a las naciones cristianas contra el Imperio otomano, que controlaba la mayor parte del sureste de Europa a finales del siglo XVII. Sobre el papel, se trataba de una misión diplomática llamada Gran Embajada a Occidente, pero Pedro también quería conocer las tradiciones y la tecnología occidentales y reunir especialistas militares para emplearlos en Rusia. Lo que hizo tan interesante este periodo de año y medio fue el hecho de que Pedro decidiera disfrazarse de Pedro Mijailovich. Se negó a viajar como zar, tal vez para adquirir el mayor número posible de experiencias auténticas.

De marzo de 1697 a septiembre de 1698, Pedro fue de país en país. Por ejemplo, se quedó en Holanda, donde estudió con detalle la construcción naval con los mejores carpinteros de ribera de Ámsterdam y también asistió a la Universidad de Leyden en su tiempo libre para aprender más sobre medicina, otra de sus muchas aficiones. Después, Pedro viajó a Inglaterra, donde visitó los astilleros de Portsmouth y Deptford, dedicándose a sus pasiones y haciendo contactos que le serían útiles en el futuro.

En cuanto al propósito «oficial» de sus viajes, el aspecto diplomático de la Gran Embajada no tuvo tanto éxito. El problema otomano había sido resuelto en gran parte por los europeos en el momento de la visita de Pedro, y el Tratado de Karlowitz, que firmarían Polonia, Austria, Venecia y el Imperio otomano en 1699, marcó el fin de la expansión otomana en Europa. Aunque Pedro pudo reunirse con varios líderes europeos, estos encuentros nunca produjeron nada de valor político real Así, decepcionado, Pedro se vio obligado a firmar una tregua de treinta años con el Imperio otomano en junio de 1700

En la primera década de 1700, Pedro dirigió su atención hacia el norte, donde múltiples naciones europeas se habían aliado para acabar con el dominio sueco en la región. Dinamarca, Brandeburgo-Prusia y Polonia-Lituania se habían unido a una coalición antisueca y estaban más que encantados de dejar participar a Rusia. Suecia se había enfrentado a algunos problemas internos, ya que la nobleza no estaba segura del recién asumido liderazgo de Carlos XII, de catorce años. Pedro declaró la guerra a Suecia en 1700 tras haber asegurado el flanco sur de Rusia con los turcos con su tregua de treinta años. Marchó hacia la fortaleza de Narva, en el Báltico, con cuarenta mil soldados.

Sin embargo, a pesar de la posición aparentemente ventajosa de Pedro, el joven Carlos XII desembarcó en las cercanías con una fuerza de once mil hombres y derrotó al ejército de Pedro en octubre. La victoria sueca se debió a su anterior triunfo contra los daneses en Copenhague, que les levantó el ánimo y les permitió realizar un pequeño milagro militar. El asedio de Narva fue abandonado y los rusos sufrieron hasta diez mil bajas.

Narva fue un desastre para Pedro el Grande, y el zar se tomó los años siguientes para recomponerse. Con Dinamarca derrotada, Polonia seguía siendo su único aliado, por lo que mantener al rey polaco, Augusto II, de su lado era crucial para lograr el éxito contra Suecia. Pedro tuvo mucha suerte de que los suecos decidieran no perseguirlo tras su victoria en Narva, ya que en su lugar se centraron en derrotar lentamente a los polacos.

Mientras Carlos estaba ocupado luchando contra los aliados de Rusia, Pedro lanzó otra ofensiva en octubre de 1702, esta vez tomando con éxito la fortaleza de Nöteborg, que rebautizó Shlisselburg (Schlüsselburg en alemán) («fortaleza clave»). A esta le siguieron varias victorias cruciales en la costa del Báltico, en las que el dividido ejército ruso logró hacerse con el control de las ciudades mal guarnecidas una a una. A finales de 1703, parecía que Pedro había ganado ventaja sobre el enemigo y, durante los tres años siguientes, el ejército ruso adquirió aún más territorios en la región. Sin embargo, el rey Carlos de Suecia fue capaz de tomar represalias rápidamente en 1706, derrotando a los polacos y obligándolos a abandonar la coalición. Pedro se quedó solo ante una inminente invasión sueca, y con una larga lista de problemas domésticos como resultado de las constantes guerras y los elevados impuestos para financiarlas, se vio en una difícil situación.

Carlos XII invadió a finales de 1707 con un gran ejército de no más de cuarenta mil hombres. Sin embargo, Pedro estaba preparado. Anticipándose a la ofensiva sueca, se retiró de la recién capturada costa del Báltico y arrasó todo a su paso. Las fortificaciones de Moscú habían sido mejoradas y Rusia estaba preparada para librar, por primera vez en mucho tiempo, una guerra defensiva. Los suecos estaban quizás demasiado confiados debido a su victoria en Narva, ya que pensaban que el ejército ruso era inferior a ellos y creían que podrían derrotar rápidamente cualquier resistencia. Al principio, su creencia se demostró cierta. En julio de 1708, Carlos pudo enfrentarse y derrotar a las fuerzas rusas en Golovchin con diez mil hombres menos (los suecos tenían unos trece mil hombres, mientras que los rusos contaban con más de veinticinco mil hombres). Sin embargo, los rusos fueron capaces de oponer mucha más resistencia, infligiendo muchas bajas y frenando el avance del rey sueco. La batalla de Golovchin fue un claro indicio de que las reformas militares de Pedro habían dado sus frutos, pero no marcaría la desaparición de los suecos.

Carlos esperaba que sus efectivos se vieran reforzados por otra fuerza de doce mil hombres al mando del comandante Adam Ludwig Lewenhaupt, pero había calculado mal su capacidad para librar una guerra prolongada en suelo extranjero, sobre todo teniendo en cuenta las duras condiciones que debían soportar los ejércitos. De hecho, el ejército de Lewenhaupt fue interceptado y duramente derrotado por el zar Pedro, por lo que solo la mitad de la fuerza original llegó hasta el rey Carlos. Y esta mitad estaba desmoralizada y sin suministros suficientes.

La escasez de alimentos y un duro invierno hicieron que Carlos cambiara de estrategia. En lugar de continuar hacia Moscú, que sabía que estaría fuertemente defendida, marchó hacia el sur, a Ucrania, donde ya estaba madura una revuelta antizarista. Con la esperanza de utilizar a los impredecibles cosacos como aliados, Carlos pasó el invierno en Ucrania. Sin embargo, Pedro reaccionó rápidamente reforzando las provincias del sur y enviando al general Alexander Ménshikov para aplastar el levantamiento cosaco. Por desgracia para el rey sueco, el invierno en Ucrania resultó ser el peor en mucho tiempo, lo que empeoró aún más la situación para los invasores. Además, los cosacos no estaban dispuestos a ofrecer su ayuda debido a su reciente derrota ante los rusos. Así pues, en la primavera de 1709, Carlos XII y sus fuerzas, debilitadas por el invierno y con graves problemas de abastecimiento, sitiaron la ciudad de Poltava, al noreste del río Dniéper. Fue un error fatal.

Pedro el Grande llegó con su fuerza de socorro en junio. No pudo evaluar la fuerza de los suecos, por lo que se ofreció a negociar con Carlos. Este, sin embargo, se negó y lanzó un ataque a principios de julio contra el ejército de Pedro, que era aproximadamente el doble de grande y mucho más apto para la batalla. Tras cuatro horas de batalla, cuarenta mil rusos derrotaron con relativa facilidad a unos veintidós mil suecos en la batalla de Poltava, en la que tanto Carlos como Pedro escaparon por poco de la muerte en medio de las balas. Los suecos derrotados fueron perseguidos y derrotados dos días más tarde en el Dniéper. Fue una victoria decisiva para Pedro el Grande y marcó un punto de inflexión en la guerra.

Poltava puso al zar Pedro y a Rusia de nuevo en el punto de mira de otras potencias europeas. La noticia de su victoria se extendió rápidamente por otros reinos y tuvo el efecto que el zar había deseado durante tanto tiempo. También fue un alivio para el pueblo ruso, molesto con las nuevas leyes y las costosas guerras, pero que se unió a su victorioso líder. En cuanto a la guerra con Suecia, estaba claro que Rusia había asumido una posición más favorable, y Pedro incluso convenció a Dinamarca para que volviera a entrar en la guerra en 1710 tras recuperar a Polonia como aliado apoyando a Jorge Luis de Hannover para que tomara el poder en un golpe de estado (el mismo hombre se convertiría en el rey Jorge I de Gran Bretaña). Todos estos acontecimientos hicieron que Rusia se ganara un merecido lugar en la política europea.

Con la confianza que Pedro había ganado con su éxito contra Suecia y con el deterioro de las relaciones entre Rusia y Turquía desde el acuerdo de paz de 1700, no es de extrañar que Pedro entrara de nuevo en guerra con los otomanos en marzo de 1711, aunque en realidad fue el sultán quien declaró la guerra, haciéndolo seis meses antes. La estrategia de Pedro consistía en atacar las posesiones turcas de los Balcanes, que era una zona predominantemente cristiana. Aunque los rusos lograron cierto éxito al principio, atacando las provincias de Valaquia y Moldavia, y provocando el levantamiento de los pueblos eslavos contra los otomanos, las deficientes redes de abastecimiento y la sobreextensión pusieron fin a la guerra antes de tiempo. Pedro se vio obligado a negociar un tratado de paz desfavorable, cediendo de nuevo el control de la fortaleza de Azov y gran parte de la costa norte del mar Negro en julio de 1711 con el Tratado del Pruth.

Pedro el Grande regresaría a Rusia poco después del acuerdo de paz para casarse con su segunda esposa, Catalina, en 1712, antes de embarcarse en otra campaña militar. Esta vez, los rusos desembarcaron en la costa finlandesa en mayo de 1714, gracias a su recién formada flota del Báltico, y se enfrentaron a los suecos. Pedro había logrado mantener los territorios que había ganado tras las conquistas iniciales del Báltico, pero como Suecia se había negado a rendirse después de Poltava, se sintió obligado a lanzar otra ofensiva.

Dos años más tarde, Pedro planeó lanzar una invasión a gran escala del territorio sueco desde Copenhague con unos cincuenta mil soldados, pero sabiamente la canceló en el último minuto, creyendo que se estaba extralimitando al confiar en el apoyo de sus aliados. Durante los dos años siguientes, Rusia y Suecia entraron en un punto muerto e incluso intentaron negociar un acuerdo de paz. Sin embargo, las condiciones presentadas por los suecos en 1718 desagradaron tanto al zar que optó por retirarse de las conversaciones, consciente de que tenía una posición ventajosa, ya que había debilitado fuertemente al enemigo y seguía controlando el Báltico.

La gran guerra del Norte —como se conoce el conflicto— terminó finalmente en septiembre de 1721 con el Tratado de Nystad. Los suecos habían fracasado una y otra vez en su intento de hacer retroceder a los rusos de Finlandia, y la flota rusa del Báltico no había hecho más que crecer en tamaño y madurar en experiencia. Las galeras rusas eran las amas del Báltico, maniobrando en las mareas gracias a su naturaleza móvil y rápida. Esta guerra constante y la amenaza de nuevas invasiones hicieron que Suecia reabriera las negociaciones en noviembre de 1720, y esta vez hizo concesiones que a Pedro le parecieron favorables.

Rusia obtuvo el control total de todas las tierras bálticas que antes estaban en manos de Suecia, incluidas Estonia y Livonia, así como la parte de Finlandia que Rusia había ocupado desde 1714. Los suecos, por su parte, solo se conformaron con un pago de 1,5 millones de rublos y algunos derechos comerciales en los territorios cedidos.

Las reformas sociales, administrativas y económicas de Pedro el Grande

Cerremos el capítulo con aquello por lo que Pedro el Grande es quizás más conocido: sus reformas sociales, administrativas y económicas. Cabe destacar que Pedro se dedicó a reformar en profundidad Rusia mientras estaba ocupado con sus campañas militares contra Turquía y Suecia. Pedro no era uno de esos reyes que solo son conocidos por una cosa en particular, como el éxito en la guerra, por ejemplo. Tenía la capacidad de encontrar soluciones a muchos problemas a la vez e introdujo medidas para ayudar eficazmente a Rusia a desarrollarse y occidentalizarse, lo que lo convirtió en un gran reformador.

Pedro el Grande fue capaz de dar nueva vida a la economía rusa, reinventándola por completo y permitiendo que el país siguiera siendo económicamente competitivo con el resto de las potencias europeas. Durante el reinado de Pedro, Rusia experimentó una especie de boom industrial. No fue a la escala de lo que los europeos fueron capaces de lograr durante la Revolución Industrial décadas más tarde, pero fue suficiente para aumentar significativamente la producción de bienes y materiales locales, además de fomentar su exportación. Durante su mandato como zar se construyeron 86 nuevas fábricas especializadas en la producción de textiles, hierro, cobre, azufre, pólvora y armas. Se multiplicó por diez la producción de hierro, que Rusia poseía en gran abundancia gracias a su gran extensión y a la diversidad de su terreno. La metalurgia, en general, mejoró mucho, sobre todo para satisfacer la creciente demanda del ejército.

A principios del siglo XVIII, Rusia controlaba gran parte de la economía, lo que limitaba a miles de personas la posibilidad de acumular riqueza. Uno de los objetivos personales de Pedro era transferir los medios de producción a manos de particulares, fomentando la creación de una clase «emprendedora» que se dedicara a la fabricación y formara a los trabajadores de forma privada. Aunque Pedro no alcanzaría su objetivo, ya que la mayoría de los rusos no siervos dependían de sus siervos para obtener ingresos, las reformas industriales transformaron la economía rusa, especialmente las exportaciones al extranjero. En 1726, cerca de la mitad de las exportaciones rusas procedían de productos manufacturados localmente, y las nuevas fábricas y centros de trabajo empleaban a miles de rusos que habían sufrido el desempleo antes del reinado de Pedro.

Pedro creía que las instituciones administrativas existentes también necesitaban cambios masivos para hacerlas más europeas y, por tanto, más eficientes y productivas. A su llegada al trono, la dinámica de poder entre las instituciones locales, así como sus funciones exactas y áreas de gobierno, no estaban claras, por lo que también había que abordar estos problemas. Pedro introdujo cambios que afectaron a todos los aspectos de la administración a la vez.

En primer lugar, creó el Senado ruso para sustituir a la Duma de los Boyardos, una institución bastante antigua que había perdido su finalidad y su poder cuando los Romanov asumieron el poder. Compuesto por nueve (más tarde, diez) miembros, el Senado actuaba como órgano de gobierno, supervisando las diferentes provincias y la recaudación de impuestos. Era el más alto tribunal legislativo del país, función que le fue retirada en 1721. La asistencia a las reuniones del Senado era obligatoria, y los miembros que faltaban a alguna de las sesiones eran multados en un primer momento y luego corrían el riesgo de ser encarcelados. Esta medida resultó muy eficaz, sobre todo si se tiene en cuenta que solo un tercio de los boyardos acudían a las reuniones de la Duma y perdían el tiempo discutiendo sobre temas inútiles. Quinientos hombres recibieron también un nuevo título (*fiskaly*) y tuvieron la responsabilidad de ser los ojos y los oídos del Senado, erradicando la corrupción y el fraude, y asegurándose de que cada titular cumplía cabalmente con sus obligaciones.

La creación del Senado fue seguida de la introducción de once nuevos colegios, un sistema copiado de Suecia. Los colegios se especializaban en diferentes aspectos de la vida social, política y económica, actuando como ministerios modernos. Los colegios de asuntos exteriores, guerra y almirantazgo eran los tres más importantes y se crearon antes de 1718. El resto se ocupaba de la industria, el comercio, las finanzas, la justicia, los gobiernos provinciales y la propiedad de la tierra. Cada institución tenía sus propias funciones y objetivos claros, así como establecimientos y estructuras similares entre sí, lo que facilitaba la regulación por parte de Pedro y el Senado. Los colegios eran una mejora de los *prikazy* existentes, que tenían funciones y objetivos mixtos.

Pedro también trató de replantear la división administrativa de Rusia, lo que supuso una mayor descentralización del poder con la esperanza de aumentar la eficacia de la gobernanza. En diciembre de 1708, las tierras rusas se dividieron de nuevo, esta vez en ocho *gubernii* (gobernaciones), que, a su vez, se dividieron en cincuenta provincias más pequeñas nueve años más tarde. El número de *gubernii* acabaría aumentando a doce en 1718, y el sistema perduraría mucho más allá del reinado de Pedro. Las principales funciones de estas nuevas unidades administrativas eran la recaudación de impuestos y la contratación de personal, al igual que en otros países europeos, Pedro nombró personalmente a los gobernadores de estos territorios, que dependerían directamente de la corte. Pedro también se aseguró de que Ucrania, donde los cosacos seguían siendo en gran medida autónomos, estuviera bajo el firme control del gobierno central e introdujo el reclutamiento forzoso y las leyes rusas. Sin embargo, en los territorios bálticos recién adquiridos se permitió una mayor autonomía.

Para alcanzar su objetivo de occidentalizar la sociedad rusa, Pedro sabía que tenía que empezar por los miembros de las clases altas, ya que tenían mucho más poder que los plebeyos. Los obligó a parecer europeos despojándoles de su antigua y tradicional vestimenta rusa y dándoles atuendos occidentales. Pedro incluso obligó a los hombres a afeitarse la barba, que consideraba un símbolo del pasado y de la que se reirían en Europa. Los boyardos recibieron nuevos títulos occidentales, como conde y barón, y fueron obligados a aprender y vivir según la etiqueta occidental. Sin embargo, en lugar de debilitar la influencia de los boyardos, Pedro los involucró más en la política, concediéndoles diferentes cargos y convirtiéndolos en oficiales del ejército. También introdujo una nueva «tabla de rangos», un sistema de movilidad social que podía permitir a alguien ascender a una jerarquía superior si desempeñaba bien sus funciones.

Quizá las reformas más duras de Pedro fueron las relativas a la iglesia, que el zar consideraba que gozaba de muchos más privilegios de lo que se consideraba «moderno» en Europa. El papel de la Iglesia en la Rusia del siglo XVIII era innegable, pero a Pedro le preocupaba más el estatus del patriarca en relación con el monarca, ya que ambos se consideraban a menudo iguales, y el primero tenía tanto peso en las decisiones políticas como el segundo, gracias a la popularidad de sus partidarios.

Pedro se aseguró de impulsar una reforma eclesiástica radical tras la muerte del patriarca Adriano en 1700, reduciendo en gran medida el número de tierras y el poder que ostentaba la Iglesia ortodoxa rusa y obligando a la institución a reciclar y reeducar a la mayoría de su clero. También se privó al clero de privilegios fiscales y se redujeron considerablemente sus gastos. Para evitar que la adhesión a la Iglesia sirviera para eludir el servicio militar, prohibió que todos los hombres menores de treinta años se convirtieran en sacerdotes. Por último, concluyendo sus duros cambios, creó una *kollegiya* («colegio» o «comité») espiritual especial, más tarde rebautizada como Santo Sínodo, que convirtió a la iglesia en una más de las unidades administrativas utilizadas para el gobierno. Al regular la legislación para los funcionarios religiosos, Pedro afirmó su dominio sobre la Iglesia ortodoxa rusa, haciendo que todo el mundo se diera cuenta de que el zar era la figura más importante del país. La forma en que transformó la Iglesia perduró durante unos doscientos años más.

Por último, pero no por ello menos importante, quizá nada simbolice tanto el reinado de Pedro el Grande como la construcción de la nueva capital de Rusia, San Petersburgo, un claro símbolo de la perseverancia y el entusiasmo del zar por acercar el país a Europa. Construida en la recién capturada costa del Báltico, en unos pantanos propensos a las inundaciones, lo que dificultó enormemente la construcción, San Petersburgo fue percibida por muchos como un proyecto peligroso e innecesario. Pedro estaba motivado por su amor al mar y deseaba abandonar Moscú —una ciudad que simbolizaba las viejas y atrasadas costumbres rusas— por algo nuevo, algo que estuviera más cerca de Europa.

Los trabajadores se enfrentaron a muchos problemas durante su construcción, y regularmente eran transportados a la fuerza para trabajar en condiciones terribles. Sin embargo, San Petersburgo se convirtió rápidamente en el nuevo centro de Rusia, gracias a la promoción y los esfuerzos personales del zar Pedro. Sería la primera ciudad rusa con un verdadero plan urbanístico, con edificios y calles calcados de los que Pedro había visto en Ámsterdam y Londres. Pedro casi impondría la europeidad a sus residentes obligándolos a hablar lenguas extranjeras y a asistir regularmente a bailes y desfiles. San Petersburgo significó una

Rusia moderna y petrina, y sigue siendo uno de los logros más notables de Pedro el Grande.

El legado de Pedro

No es posible incluir todos y cada uno de los logros y acontecimientos importantes del reinado de Pedro el Grande, simplemente por el hecho de que tantos acontecimientos y leyes requieren entrar en gran detalle para hablar plenamente de sus implicaciones a corto y largo plazo para Rusia. Sin embargo, es innegable que Pedro el Grande es uno de los monarcas rusos más conocidos de todos los tiempos. Fue sin duda el Romanov más influyente que jamás ocupó el trono de Rusia.

Gracias a sus esfuerzos, Rusia pudo reincorporarse a la política europea y resurgir como un actor influyente y poderoso en la escena mundial. Las reformas militares, sociales, administrativas y económicas de Pedro establecieron una sólida base para el futuro del país, y su transformación de la sociedad y el estilo de vida rusos, por muy radical y dura que se percibiera en un principio, preparó al país para su largo y tumultuoso futuro. Pedro el Grande tuvo un impacto duradero en su país y ejerció una gran presión sobre quienquiera que le sucediera.

Capítulo 5: La era del despotismo ilustrado

Pedro el Grande inició por sí solo el proceso de transformación de Rusia de país atrasado a imperio moderno y poderoso, según los estándares europeos. Los siguientes Romanov construirían sobre esos cimientos para situar a Rusia en una posición aún más dominante. Este capítulo abordará la dinastía Romanov inmediatamente posterior al zar Pedro, centrándose principalmente en la reina Catalina II, la déspota ilustrada a la que a menudo se atribuye el mérito de haber dotado de alma a Rusia.

Después de Pedro el Grande

Pedro el Grande murió en 1725, relativamente joven, a los 52 años. Los historiadores creen que su personalidad persistente y su afán de superación en múltiples frentes desempeñaron un papel importante en su muerte. Pedro también tenía un grave problema con la bebida, que, combinado con el interminable estrés de dirigir un país, debilitó mucho su salud. Dado que su salud se deterioraba lentamente, en 1722 promulgó un decreto que le otorgaba el poder de nombrar al heredero al trono. A pesar de ello, la cuestión de la sucesión a su muerte seguía sin decidirse. Pedro tuvo catorce hijos a lo largo de sus dos matrimonios, pero la mayoría de ellos murieron durante la infancia o a una edad temprana, dejando a Rusia sin un heredero claro.

Así, su viuda, Catalina, fue declarada primera emperatriz de Rusia por un grupo de funcionarios una vez fallecido Pedro. Catalina I gobernaría durante los dos años siguientes. Aunque había sido una buena esposa para Pedro, no tenía experiencia real en política y no era la persona que Rusia necesitaba, especialmente después de un periodo tan influyente con el zar Pedro.

Alexandr Ménshikov, amigo íntimo de Pedro, se convirtió en el principal responsable de la toma de decisiones durante el reinado de la emperatriz Catalina y, a pesar de estar sometido a una presión constante, fue capaz de mantener la autoridad de la emperatriz sobre sus súbditos. Tras el fallecimiento de Catalina en 1727, Ménshikov y otros poderosos funcionarios declararon que Pedro, de once años, se convertiría en el nuevo zar. Era hijo del zarévich Alexis, hijo de Pedro el Grande, que había muerto en 1718 tras intentar sublevarse contra el gobierno de su padre. Sin embargo, en un desafortunado giro de los acontecimientos, Pedro II murió de viruela antes de poder convertirse realmente en zar en 1730.

A continuación, el Consejo Privado Supremo, que desempeñó un papel consultivo durante la crisis sucesoria, intentó desesperadamente encontrar al siguiente gobernante adecuado. Tras algunas búsquedas, el consejo eligió a Ana, duquesa de Curlandia, que era hija de Iván V (cogobernante de Pedro en otros tiempos). Se le propusieron condiciones especiales que desviarían el poder real a manos del consejo; el gobierno sería algo parecido a una monarquía constitucional.

Aunque Ana aceptó estas condiciones y llegó a Moscú como nueva emperatriz a principios de 1730, procedió a romperlas y a disolver el Consejo Privado Supremo, asumiendo más poder del que se pretendía en un principio. Sin embargo, al igual que Catalina, no le interesaba la política y en su lugar formó un consejo asesor alemán dirigido por su amante, Ernst Johann Biron, que se hizo cargo de las tareas cotidianas. Antes de su muerte en 1740, Rusia participó en la guerra de sucesión polaca, donde consiguió apoyar con éxito a un rey prorruso. Rusia también luchó en la guerra ruso-turca, donde derrotó a los otomanos, pero obtuvo muy pocas ganancias.

Antes de morir, Anna nombró a su sucesor: el hijo de su sobrina, Iván. También dijo que Biron actuaría como regente antes de que el joven Iván alcanzara la mayoría de edad. Sin embargo, poco después de su muerte, el sentimiento antialemán se generalizó. Biron fue destituido y la sobrina de la emperatriz, Anna Leopóldovna, asumió el poder. Esto complicó aún más las cosas, y los dos bandos, la camarilla alemana de la antigua emperatriz Ana y los partidarios rusos de la regente Ana, se enfrentaron por el poder. Del caos surgió una nueva contendiente. Su nombre era Isabel, la hija de Pedro el Grande, cuya seguridad se veía amenazada por Ana Leopóldovna (al menos, eso era lo que sostenían muchos de sus partidarios). Con el apoyo del embajador francés en Moscú y de miembros de la corte, Isabel logró instigar un golpe de estado contra Ana Leopóldovna y se proclamó nueva emperatriz en 1741.

Isabel se preocupaba un poco más por la política y la gobernanza que sus dos predecesoras, pero se ocupaba sobre todo de su afición por los atuendos fastuosos y tenía cuidado de con quién se rodeaba, lo que le hacía muy difícil conservar su popularidad. Aun así, gobernaría durante los siguientes veinte años, y su reinado fue testigo de la introducción de varios aspectos nuevos importantes. Por ejemplo, durante el reinado de Isabel I se fundaron la primera academia de artes y la primera universidad. El Senado —una institución creada por su padre— también resurgió tras haber sido dejado de lado por consejos no oficiales y asambleas consultivas. Rusia también triunfó geopolíticamente, ganando guerras contra Suecia y Prusia durante la guerra de los Siete Años. Entabló nuevas relaciones con Gran Bretaña, Austria y Francia y siguió ganando prestigio como uno de los imperios más poderosos del mundo.

Surgieron complicaciones en torno a la sucesión de la emperatriz Isabel. Al convertirse en emperatriz, no tenía hijos, por lo que eligió a un presunto heredero: Pedro, hijo de Ana (la hija mayor de Pedro el Grande) y del duque Carlos Federico de Holstein-Gottorp. Anna llevaba muchos años casada con el duque Carlos y había dado a luz a su hijo en Kiel. El joven Pedro, nombrado heredero presunto, era por tanto más alemán que ruso y no llegó a Moscú hasta el otoño de 1742.

Curiosamente, Carlos XII de Suecia —el archienemigo de Pedro el Grande—era también tío abuelo del joven Pedro por parte de padre. A su llegada a Moscú, fue proclamado por el parlamento sueco como presunto heredero al trono sueco. El parlamento no sabía entonces que Pedro ya se había convertido a la ortodoxia en Moscú y era el presunto heredero al trono de Rusia. Así pues, el joven Pedro, que aún era menor de edad, tuvo que renunciar a sus pretensiones a Suecia, aunque estas eran muy legítimas).

En 1745, la emperatriz Isabel casó a Pedro con su prima segunda, la princesa Sofía Federica Augusta de Anhalt-Zebst-Dornburg. Sofía llegó a

Moscú, se convirtió a la ortodoxia y cambió su nombre por el de Catalina. Tuvo dos hijos: Pablo, el futuro heredero, y Ana.

En estas extrañas circunstancias, Pedro se convirtió en emperador de Rusia tras la muerte de su tía, la emperatriz Isabel, en 1762. El emperador Pedro, ahora Pedro III, no gozaba realmente del favor de la nobleza rusa, ya que no lo consideraban realmente ruso debido a sus orígenes alemanes. De hecho, una de las primeras decisiones que tomó fue aceptar la paz con Prusia en la guerra de los Siete Años debido a su afición personal por Alemania. Durante muchos años, Rusia había mantenido una política antiprusiana, y esta decisión enfureció enormemente a la élite rusa. Pedro III llegó incluso a aliarse con los prusianos y ordenó a su ejército de doce mil hombres que ocupaba Berlín marchar contra los austriacos, sus antiguos aliados.

Entonces, en medio de todo este caos, planeó una invasión de Dinamarca para recuperar algunas de las tierras perdidas de su ducado (recordemos que aún era duque de Holstein-Gottorp). Pedro llegó a trasladar unos cuarenta mil soldados a la frontera danesa, en la ciudad de Kolberg, con la intención de iniciar una guerra con los daneses. Sin embargo, antes de que pudiera avanzar más en sus planes, fue derrocado por su esposa Catalina, lo que inició una nueva era en la historia rusa.

Catalina la Grande se convierte en emperatriz

Catalina la Grande, la déspota ilustrada, es otra de las gobernantes rusas más influyentes. Nacida como Sofía Federica Augusta, Catalina fue otra monarca rusa de origen alemán. Técnicamente, Catalina nunca estuvo destinada a ascender al trono ruso y convertirse en emperatriz, pero la situación que se desarrolló tras su matrimonio la obligó a «salvar» a Rusia de su marido, cuyas decisiones de política exterior eran objeto de gran escrutinio por parte de sus contemporáneos.

A diferencia de su marido, Catalina empezó a adaptarse a las costumbres y formas de vida rusas nada más llegar a Rusia. Aprendió con entusiasmo la lengua rusa, ya que, en su opinión, una futura reina debía hablar bien. En los primeros días de su matrimonio, Catalina se dio cuenta de la personalidad aburrida y arrogante de Pedro, y empezó a odiar a su marido, a quien consideraba indigno de ser zar. Para entretenerse, empezó a leer libros en francés, algo que acabaría convirtiéndose en su pasión. Los escritos de Voltaire y otros filósofos franceses contemporáneos del Siglo de las Luces fueron los que más le impresionaron.

A medida que se alejaba cada vez más de Pedro, cuya presencia le resultaba insoportable, empezó a relacionarse cada vez más con miembros de la corte, a los que a menudo tomaba como amantes para responder a los adulterios que cometía su marido. Se interesó cada vez más por la política y el gobierno, y a medida que crecía la desconfianza de la opinión pública hacia Pedro, aquellos con los que se había relacionado a través de su vida sexual abiertamente fastuosa empezaron a considerarla como posible sustituta de Pedro III.

La conspiración contra Pedro crecería con el paso de los meses, ya que seguía tomando decisiones que muchos creían contrarias a los intereses nacionales rusos. En comparación, Catalina parecía mucho más sabia y fría, alguien que realmente se preocupaba por su futuro y el de su país y que tenía suficientes conocimientos, interés y competencia para convertirse en la próxima gobernante del país. Así, en el verano de 1762, con la ayuda de su amante, Grigori Orlov, Catalina logró derrocar a su marido y convertirse en la nueva emperatriz de Rusia.

Orlov, al igual que muchos otros amantes de Catalina, participaría en su corte durante los primeros años de su reinado, teniendo algunos de ellos más influencia que otros. Algo útil que surgió de estas conexiones fue el hecho de que todos ellos eran de ascendencia noble, lo que les permitió forjar una estrecha relación con la emperatriz desde el principio. Se trataba de una alianza informal, ya que la élite gobernante favorecía a Catalina, y Catalina favorecía a la élite gobernante. Esta relación se reflejaría en gran medida en algunas de las políticas internas que introdujo.

Despotismo ilustrado

El reinado de Catalina es quizás tan completo como el de Pedro el Grande, ya que se produjeron avances en todos los ámbitos de la vida rusa, y tanto la situación exterior como la interior fueron objeto de gran atención. En el ámbito nacional, la emperatriz Catalina tenía dos objetivos principales: consolidar y hacer avanzar los cimientos administrativos y políticos de la época de Pedro el Grande e introducir una nueva reforma educativa que iniciara el largo proceso de reeducar adecuadamente a toda Rusia. Muy influida por los conocimientos occidentales que había adquirido en sus primeros años tras llegar a Moscú, Catalina deseaba ser ella quien iniciara una especie de Ilustración rusa. Creía que el país lo necesitaba desesperadamente.

Retrato de Catalina la Grande
https://commons.wikimedia.org/wiki/File:Profile_portrait_of_Catherine_II_by_Fedor_Rokotov_(1763,_Tretyakov_gallery).jpg

Desde el principio de su reinado, se esforzó por ampliar las escuelas especiales de Moscú y San Petersburgo, es decir, las universidades y academias militares. Estas instituciones se reorganizaron casi por completo con la ayuda de Iván Betskói, que ocupaba el cargo de jefe de la Academia Imperial de las Artes y era uno de los principales asesores de la reina en materia educativa. Juntos, Betskói y Catalina implantaron el primer sistema de escuelas públicas del país, así como escuelas especiales para niñas y huérfanos. Esta reforma tuvo un gran éxito; a finales del siglo XVIII había unos 62.000 estudiantes matriculados en 550 instituciones diferentes. La mayoría de estos estudiantes estaban en escuelas militares y eclesiásticas, pero el resto estudiaba en escuelas de nueva creación. Catalina comprendía la importancia de una clase media educada, por lo que se aseguró de que mucha gente tuviera acceso a las escuelas de todo el país.

Proporcionar educación a las masas también complementó la difusión de las ideas de la Ilustración a través de diferentes medios, como la traducción y difusión de obras populares occidentales, no solo en las altas sociedades de Moscú y San Petersburgo, sino también en otras zonas más rurales del país. Se fomentó enormemente la creación de esferas intelectuales o literarias, y surgieron muchos nuevos escritores rusos en la escena local. En resumen, fue una revolución cultural muy necesaria y eficaz, a una escala nunca vista. A diferencia de Pedro el Grande, que había intentado que Rusia pareciera y se sintiera europea, los esfuerzos de Catalina se dirigieron a que Rusia pensara como Europa.

En cuanto a la administración, el reinado de Catalina fue testigo de un gran aumento del número de cargos y niveles burocráticos. En el año 1775, había unos dos mil funcionarios estatales más en instituciones administrativas con salarios muy altos y deseables. Curiosamente, con la Carta de la Nobleza, un decreto que la Corona promulgó en 1785, Catalina imposibilitó que las personas de clases y rentas más bajas pudieran ser elegidas para cargos públicos. Esto hizo que la nobleza dominara la función pública, recibiendo salarios además de sus propios ingresos procedentes de sus propiedades, lo que aumentó exponencialmente su riqueza y poder y, por tanto, su afición a la emperatriz. Esta decisión, que tal vez se derivaba de su estrecha relación con las altas esferas de la élite rusa desde sus primeros días, aumentó la eficacia a la hora de gobernar administrativamente.

Por otra parte, en 1769 se creó un nuevo Consejo de Estado para actuar como intermediario entre la emperatriz y el Senado, que recuperó la mayor parte de sus funciones y fue reorganizado tras un largo periodo de inactividad. A pesar de ello, el Senado nunca alcanzó la misma importancia que tuvo durante el reinado de Pedro el Grande. En 1775, la mayoría de los colegios de Pedro fueron despojados de sus funciones. Solo los colegios de asuntos exteriores, el almirantazgo y el ejército se mantuvieron prácticamente intactos y se convirtieron en las instituciones administrativas más importantes del país.

A la hora de modificar el sistema de gobierno, el principal objetivo de Catalina era combinar algunos de los conceptos de los filósofos occidentales sobre el equilibrio de poder con el cameralismo alemán (la centralización estatal de la economía para trabajar en la formación de un estado de bienestar, cuyos beneficios disfrutarían los súbditos). En este frente, Catalina intentó separar en la medida de lo posible los poderes ejecutivo, legislativo y judicial de la institución de la monarquía. Pero cuando se trató de organizar unas clases media y baja autosuficientes y eficaces, lo que era fundamental para una sociedad cameralista, fracasó, al considerar que Rusia no estaba preparada para una transformación tan masiva.

Catalina la Grande también introdujo cambios que intentarían acercar el sistema económico ruso a Europa, ya que el primero se había quedado muy rezagado. Fomentó la inmigración extranjera a tierras rusas. En particular, acogió a campesinos alemanes, que se asentaron en el valle del Volga y pasaron a ser conocidos como los alemanes del Volga. Los alemanes del Volga poseían tecnología agrícola moderna y sabían cómo cultivar las nuevas cosechas que se habían introducido en Europa desde el Nuevo Mundo, lo que ayudó a modernizar la agricultura rusa e impulsar la producción. Ucrania, y más tarde el resto de Rusia, se hicieron famosas por su producción de trigo. Gracias a la expansión de los territorios, Catalina también pudo conceder nuevas tierras a muchos campesinos, lo que supuso un paso positivo para aumentar la riqueza de la clase baja y fomentar la producción.

Al revisar e impulsar las manufacturas locales, floreció el comercio internacional, y las exportaciones rusas llegaron a los lejanos mercados de Estados Unidos y Asia Oriental, de nuevo gracias a las ganancias territoriales que Rusia había adquirido a finales del siglo XVIII. Los textiles y los metales eran los productos rusos más populares, y algunas estimaciones sugieren que el volumen total de comercio se cuadruplicó durante el reinado de Catalina la Grande. Esto contribuyó al crecimiento de los puertos rusos, no solo el de San Petersburgo, que era el más importante con gran diferencia, sino también los recién adquiridos del mar Negro.

Siguió la reforma financiera, con la emisión de los primeros billetes y papel moneda en 1770. El país carecía de plata, que necesitaba para financiar las guerras. El crecimiento económico general produjo más impuestos para el Estado, que este invertía a menudo en diferentes proyectos nacionales o extranjeros.

La expansión durante Catalina la Grande

El reinado de Catalina la Grande no solo fue testigo de algunas de las reformas culturales, políticas y sociales más influyentes, sino que también se caracterizó por la expansión territorial bastante efectiva de Rusia y su exitosa participación en diferentes guerras. Se añadieron al país más de 500.000 kilómetros cuadrados de tierra, incluidas las regiones cruciales de Crimea y la costa norte del mar Negro, el Cáucaso y la mayor parte de la actual Europa del Este.

Rusia volvió a entrar en guerra con el Imperio otomano en 1768, después de que este iniciara las hostilidades. Los otomanos recelaban de la posible expansión rusa hacia Crimea o los Balcanes ahora que el país se había retirado definitivamente de la guerra de los Siete Años. De hecho, Catalina había finalizado el procedimiento de retirar a Rusia de la guerra, pero mantenía relaciones amistosas con Federico II de Prusia, algo que le resultaría útil más adelante. A lo largo de la guerra ruso-turca, el objetivo de Catalina fue deshacerse definitivamente de los tártaros de Crimea, que llevaban siglos habitando la costa norte del mar Negro y que asaltaban continuamente los asentamientos rusos de la frontera. Catalina logró derrotar a los otomanos, sobre todo en el crucial encuentro naval de Chesme y en una de las mayores batallas terrestres del siglo XVIII, la batalla de Kagul, en la que unos 45.000 rusos lograron derrotar a una fuerza otomana de 150.000 hombres y alzarse con una heroica victoria.

En 1774, con el Tratado de Kuchuk-Kainardzhi, Rusia obtuvo la posesión de partes de Crimea y dio vía libre a los comerciantes rusos a través de los estrechos turcos. Y lo que es más importante, los otomanos declararon nominalmente a Rusia protectora de todos los súbditos ortodoxos que vivían en el imperio. La victoria contra los turcos impulsó a Catalina a tratar de una vez por todas con el kanato de Crimea. Catalina acabó anexionándose la península y destruyendo el kanato en 1783, algo que provocaría otra guerra con los otomanos en 1787. Rusia volvería a salir victoriosa cinco años más tarde.

Catalina también tuvo éxito contra otra potencia musulmana: Persia. Ambos bandos tenían sus propios intereses en la importantísima región del Cáucaso, situada entre los mares Negro y Caspio. En 1783, Catalina consiguió establecer un protectorado sobre el reino de Georgia, gracias a que ambas naciones eran cristianas ortodoxas. También se comprometió a apoyar a los georgianos frente a cualquier amenaza de los persas, que habían invadido repetidamente la pequeña nación.

En 1796, Catalina se vio obligada a declarar la guerra a Persia después de que invadiera Georgia y envió un ejército para expulsar a las fuerzas invasoras del Cáucaso. En el verano de ese mismo año, el ejército ruso logró derrotar la resistencia persa, primero en el norte del Cáucaso y luego en el actual Azerbaiyán, tomando las importantes ciudades de Bakú y Ganja, y obligando al enemigo a retirarse. Por desgracia, Catalina falleció antes de que el conflicto llegara a su fin, y su sucesor, Pablo, no continuó la ofensiva. En su lugar, ordenó que sus tropas volvieran a casa.

En Occidente, Catalina la Grande consiguió restaurar el estatus de Rusia como superpotencia, cuyos intereses debían tenerse en cuenta en cada acontecimiento geopolítico importante. Rusia desempeñó un papel activo en los procesos políticos de Europa Central y Oriental a finales del siglo XVIII. Rusia también participó activamente en las particiones de Polonia (en las tres ocasiones), algo que subraya la importancia de Rusia como actor regional. Catalina siempre había reconocido la importancia de tener asegurado su flanco occidental y procedió a colocar en el trono polaco en 1764 a un prorruso, Estanislao Augusto Poniatowski, uno de sus antiguos amantes, antes de establecer un protectorado sobre la Mancomunidad Polaco-Lituana en 1768.

Esto provocó la insurrección de los nacionalistas polacos. Declararon la guerra a Rusia, que persistió hasta 1772. Catalina y sus aliados —Prusia y Austria— salieron victoriosos. Los tres líderes de estas naciones victoriosas se repartieron los territorios conquistados de la Mancomunidad polaco-lituana, despojando al Estado de cerca del 30% de sus tierras fronterizas y reduciendo significativamente su influencia y poder en la región. Más tarde se produjeron la Segunda y la Tercera partición de Polonia, en las que Rusia, Prusia y Austria continuaron reduciendo lentamente las tierras polacas hasta que, en 1795, se anexionaron por completo toda Polonia-Lituania. A partir de entonces, compartieron una triple frontera en la Polonia histórica.

Mapa de las particiones de Polonia

Catalina la Grande no era miembro de la dinastía Romanov por nacimiento, ya que era de ascendencia alemana. Sin embargo, sigue siendo uno de los miembros más destacados de la familia gobernante de Rusia, gracias a su particular forma de gobernar. Los logros de Catalina fueron de gran envergadura, tal vez solo igualados por los de Pedro el Grande, por lo que es más que apropiado que estos dos gobernantes merezcan tal título. Gracias a las reformas sociales y económicas de Catalina, Rusia pudo comprender por primera vez lo que significaba tener un «alma europea». En lugar de imponer el europeísmo a la sociedad rusa como Pedro el Grande, Catalina fue capaz de reducir significativamente la brecha entre Rusia y el resto del mundo occidental civilizado. A su muerte, se pudo comprobar que Rusia se había vuelto mucho más próspera y gloriosa. Era un verdadero imperio.

Capítulo 6: Los Romanov del siglo XIX

Después de Catalina la Grande, la dinastía Romanov perduró unos 120 años más, pero este periodo no fue nada fácil para la familia gobernante de Rusia, ni para el propio país. Rusia se enfrentó a muchos retos durante el siglo XIX (es uno de los periodos más interesantes de la historia mundial por los numerosos e importantes acontecimientos políticos que tuvieron lugar durante el mismo). Los Romanov se vieron obligados a adaptarse al nuevo orden mundial.

Pablo I

El reinado de Pablo I, hijo de Catalina la Grande y Pedro III, fue el más breve de los monarcas Romanov después del de la emperatriz Catalina. Pablo sustituyó a su madre tras la muerte de esta en noviembre de 1796, y solo fue emperador durante cinco años antes de caer víctima de los crecientes sentimientos hostiles, al igual que muchos de sus predecesores.

De hecho, Pablo nunca había mantenido buenas relaciones con su madre, algo que puede atribuirse al hecho de que era el primer hijo de Catalina con Pedro. Tal vez resentida con su hijo por su relación con su padre, Catalina limitó la capacidad de Pablo para participar en asuntos políticos, obligándolo a vivir en una finca privada llamada Gátchina, que estaba a las afueras de San Petersburgo. Allí, Pablo vivía con su segunda esposa, Guillermina de Darmstadt (o Natalia, que era su nombre ruso adoptivo), donde dedicaba la mayor parte de su tiempo a leer literatura occidental y a administrar su hacienda. Pablo tenía incluso su propia pequeña corte, con la que discutía las posibles implicaciones de las numerosas políticas de su madre. También se entrenaba con los miembros de su ejército personal, como había hecho Pedro el Grande cuando era niño. Sin embargo, estaba claro que Pablo estaba apartado de los asuntos de verdadera importancia en San Petersburgo y, por esa razón, nunca consiguió desarrollar una buena relación con su madre.

Pablo sustituyó inmediatamente a Catalina a su muerte, quizá temiendo que esta nombrara heredero a Alejandro, su hijo mayor, que había sido el favorito de la reina. Así que, para evitar más complicaciones, una de las primeras cosas que se aseguró de hacer como emperador fue anular el decreto que establecía que el monarca tenía la capacidad de nombrar a su sucesor, algo que había estado en vigor desde Pedro el Grande. En su lugar, en 1797, afirmó que la línea masculina de los Romanov se convertiría en la sucesora. En general, puede decirse que Pablo era bastante diferente a su madre, tanto en sus políticas como en la forma de aplicarlas. Era mucho más estricto y a menudo amenazaba a quienes se le oponían en los tribunales con todo tipo de castigos. Sus principales cambios internos se dirigieron a suprimir las funciones gubernamentales electivas locales de los nobles, lo que, a su vez, supuso una mayor centralización del poder.

La política exterior de Pablo fue mucho más deslucida y, a ojos de muchos historiadores, su incapacidad para establecer una agenda fuerte en política exterior acabó provocando su perdición en 1801. Coincidiendo con el ascenso de Napoleón, optó por unirse a la Segunda Coalición contra el emperador francés en 1796, que acabaría de forma desastrosa para las naciones europeas aliadas y provocaría la creación de otra coalición en 1803. El fracaso de la Segunda Coalición hizo que Rusia mantuviera relaciones desfavorables con sus antiguos aliados, Gran Bretaña y Austria, así como con su enemigo, Francia, lo que dificultó mucho la derrota de Napoleón años más tarde. Aunque Pablo se anexionó formalmente Georgia, que había sido un protectorado de Rusia desde Catalina, también planeó una invasión bastante ambigua e innecesaria de la India a través de Asia Central, una campaña que fue la gota que colmó el vaso que la oposición necesitaba para moverse en su contra.

En marzo de 1801, antes de que Pablo pudiera seguir adelante con sus irrealizables planes, un grupo descontento de altos funcionarios, entre ellos personal del ejército y del gobierno, asesinó al emperador

Pablo en sus aposentos. Los insurgentes, dirigidos por el gobernador de San Petersburgo, Peter von der Pahlen, habían conseguido el apoyo del hijo del emperador, Alejandro, y lo declararon inmediatamente nuevo gobernante a la muerte de Pablo.

Alejandro I: el emperador prometedor

Catalina la Grande supervisó personalmente la educación de Alejandro desde muy joven. El joven Alejandro no vivió en Gátchina con su padre Pablo, sino que residió con su abuela, quien puso al futuro monarca en manos de Frédéric-César de La Harpe, de nacionalidad suiza. Este se convirtió en uno de los amigos más íntimos de Alejandro y le enseñó mucho sobre la política contemporánea, que poco a poco iba siendo dominada por la ola revolucionaria que siguió a la Revolución francesa. Alejandro recibió también educación militar de Alekséi Arakchéyev, su futuro ministro de guerra y confidente, por lo que, en el momento de su ascensión a la edad de veintitrés años, estaba bastante familiarizado, en teoría, con los deberes de un monarca y el estado político de su país.

Sin embargo, el reinado de Alejandro coincidió con una nueva era en Europa, una era de nacionalismo y republicanismo, y el joven zar se vería desafiado por los problemas que surgieron con ella. En el ámbito nacional, dedicaría la mayor parte de su tiempo a resolver los problemas relacionados con los siervos imperiales. También sentiría la verdadera ira de Napoleón tras su invasión de Rusia en 1812.

Al menos en comparación con su padre, Pablo, Alejandro gozaba de mucha más simpatía por parte de los rusos. La naturaleza tiránica y despiadada de Pablo fue sustituida por el enfoque sabio y más humano de Alejandro, y el joven emperador se sintió motivado a trabajar para que Rusia fuera mejor de lo que había sido durante los últimos cinco años. Su actitud liberal lo impulsó a liberar del exilio y la cárcel a quienes habían sido apresados sin juicio bajo Pablo, una decisión que hizo que el público simpatizara aún más con él. Alejandro también restableció el derecho a escribir y publicar libremente, además de devolver a los nobles gran parte de los privilegios que les habían sido arrebatados.

Gracias a su Neglasny Komitet (comité privado), que formó con sus amigos de mayor confianza para que le ayudaran a elaborar nuevas leyes, desarrolló el sistema de educación pública de Rusia. Proporcionó nuevos centros de formación a los aspirantes a maestros y construyó muchas escuelas y tres nuevas universidades en el país. Las personas con un título universitario tenían más oportunidades de encontrar empleo y empezar a trabajar en cargos públicos.

A pesar de reconocer que la emancipación de los siervos ayudaría a Rusia a modernizarse y ponerse al nivel de sus vecinos europeos, Alejandro fue mucho más reservado y optó por no llevar a cabo una reforma tan radical. Durante su reinado, los siervos constituían una gran mayoría de la población, y al concederles la libertad, Alejandro arriesgaba su posición favorable ante la nobleza, que proporcionaba al emperador muchos recursos materiales y humanos. En retrospectiva, no fue la mejor de las decisiones, ya que Rusia se vio obligada a experimentar la era de la industrialización y la modernización mucho más tarde que el resto de Europa. Sin embargo, si tenemos en cuenta la personalidad de Alejandro y sus visiones poco realistas del futuro del atrasado país, que había adoptado de los conceptos teóricos de los pensadores de la Ilustración, no es de extrañar que se abstuviera de impulsar la reforma.

El hombre que derrotó a Napoleón

En cambio, son los logros de Alejandro en política exterior los que realmente distinguieron su reinado. A su llegada, trató rápidamente de revertir los errores de su padre haciendo que Rusia volviera a participar activamente en la política europea. Se alió con Gran Bretaña y entabló buenas relaciones con Prusia y Austria, las dos naciones que consideraba fundamentales si Europa aspiraba a un periodo de paz. Alejandro también empezó a negociar con Francia, pero Napoleón Bonaparte, recién coronado emperador en 1804, volvió a declarar la guerra a todo el continente con la esperanza de lograr una hegemonía francesa total y difundir los gloriosos ideales revolucionarios de la Francia de finales del siglo XVIII.

Así, en 1804, Rusia se unió formalmente a la guerra contra Napoleón como aliada de Gran Bretaña, pero no participó hasta finales de 1806, ya que Alejandro planeaba librar una guerra contra los otomanos para liberar los territorios ortodoxos del noroeste en poder de los turcos (guerra que sí ganó al cabo de seis años, en 1812). Alejandro estudió detenidamente y planeó sus represalias después de que Napoleón diezmara Austria en la batalla de Austerlitz en 1805, obligando a los austriacos a capitular y abandonar la guerra. Napoleón también conquistó Berlín y derrotó a los prusianos en la batalla de Jena-

Auerstedt. El ejército de Alejandro finalmente sentiría la ira de los franceses en la batalla de Friedland en junio de 1807, donde sufrió el doble de bajas que las fuerzas de Napoleón.

Tras la derrota en Friedland, Napoleón y Alejandro se encontraron cara a cara, y el zar ruso firmó el Tratado de Tilsit, declarando básicamente que Rusia abandonaba la guerra. Alejandro también se vio obligado a romper su alianza con Gran Bretaña y unirse al Bloque Continental de Francia, un bloqueo económico que sirvió para debilitar a los británicos. Napoleón, por su parte, prometió que Rusia sería libre en sus disputas con Suecia y el Imperio otomano. También compartió su visión general con Alejandro, que al parecer incluía el dominio de la mayor parte del mundo por parte de los dos emperadores. No era el mejor resultado para Alejandro, y el tratado sería recibido por la opinión pública rusa como humillante.

Sin embargo, el zar no pensaba abandonar su lucha contra Napoleón, y buscaba venganza, no solo por sus propias pérdidas en Friedland, sino también por las derrotas de sus aliados: Austria y Prusia. Los dos emperadores se hicieron cada vez más amigos el uno del otro, y Napoleón consideraba a Alejandro como su único amigo en Europa. Napoleón incluso apoyó a los rusos en una guerra de un año contra Suecia en 1808/09, en la que Alejandro obtuvo el control de Finlandia y obligó a Suecia a unirse al Bloque Continental. Fue una relación muy interesante, pero Alejandro sabía que estaba condenada al fracaso, principalmente debido a las ambiciones de Napoleón de dominar el mundo.

Así, tras su derrota en Friedland, Alejandro emprendió una rigurosa reforma militar. Ayudado por su amigo de confianza Alekséi Arakchéyev, ambos se propusieron reforzar el principal ejército ruso, pero la actividad militar no cesó durante este tiempo. Tras la derrota de Suecia en 1809, Alejandro vio progresos graduales contra los otomanos en Moldavia. A la hora de ayudar a Napoleón, Alejandro se abstuvo en varias ocasiones, sobre todo durante la guerra de Francia contra Austria en 1809, respetando sus antiguas relaciones con los austriacos y negándose a enviar ayuda militar. Alejandro también mostró su descontento cuando Napoleón invadió Prusia y se anexionó el ducado del cuñado de Alejandro, Oldenburgo. Alejandro no pudo disuadir a Napoleón de formar el reino de Polonia a partir de los territorios recién adquiridos por el Imperio francés.

Como respuesta, y en parte debido a las dificultades económicas derivadas de la ausencia de comercio con Gran Bretaña, Alejandro comenzó a introducir discretamente mercancías de contrabando en Gran Bretaña y acabó enfrentándose a Napoleón. Estaba claro que la relación entre ambas partes, aunque cordial durante un breve momento, se estaba deteriorando de nuevo. El conflicto alcanzaría su punto álgido en 1812, cuando Napoleón, recién llegado de una serie de victorias contra todas las potencias europeas mayores o menores, decidió lanzar una invasión a gran escala de Rusia.

Seiscientos mil soldados franceses pisaron suelo ruso a finales de junio de 1812 con la intención de llegar a Moscú a finales de otoño y obligar a Rusia a capitular. Alejandro sabía que el ejército de Napoleón era demasiado fuerte para enfrentarse en una batalla abierta y ordenó a sus generales que evitaran en la medida de lo posible la confrontación directa, atrayendo en su lugar a los franceses hacia el interior de Rusia para que los rusos pudieran atacar en un momento ventajoso. Alejandro nombró al general Mijaíl Kutúzov comandante de sus ejércitos y, gracias a la estrategia que ambos idearon juntos, condujo al país a través de la guerra patriótica, como se la llama en Rusia. Durante la gran retirada, la población evacuó las principales ciudades mientras los soldados quemaban todo lo que Napoleón podía utilizar.

Imagen de las fuerzas francesas cruzando el río Niemen, 1812
https://commons.wikimedia.org/wiki/File:French_Army_crossing_Nieman_River_1812.PNG

El emperador francés derrotó a los rusos, primero en Smolensk y luego en Borodinó, en septiembre de 1812, pero no pudo utilizar en su beneficio las tierras que habían quedado inutilizadas por las fuerzas rusas en retirada. Los franceses entraron en un Moscú desierto a mediados de septiembre y acamparon en la ciudad durante aproximadamente un mes. Napoleón tuvo dificultades para continuar su avance hacia el interior de Rusia. Como esperaba Alejandro, los franceses pronto se vieron obligados a retirarse, y Napoleón perdió decenas de miles de hombres debido al desgaste y la deserción. El duro invierno ruso impidió a los franceses aprovechar su superioridad numérica, y Alejandro fue más astuto que su oponente, lo que supuso la primera gran derrota de Napoleón.

Tras su triunfo, Alejandro instó a los demás líderes europeos a levantarse y tomar represalias contra los franceses. Prusia y Austria no tardaron en responder y formaron una nueva coalición. Alejandro dirigió las fuerzas de la coalición en una batalla decisiva contra Napoleón en Leipzig en octubre de 1813, liberando a los europeos conquistados en su camino hacia el oeste y derrotando ampliamente a los franceses. Después, persiguió a los restos del ejército napoleónico, marchando victoriosamente hacia París en marzo de 1814 para cimentar su victoria sobre Napoleón. Este se vio obligado a abdicar y los Borbones se reinstalaron como la familia gobernante de Francia.

Alejandro desempeñó un papel importante en el Congreso instrumental de Viena, donde las naciones victoriosas discutieron el futuro de Europa. Tomando Polonia como preciada posesión, Alejandro regresó a Rusia como uno de los líderes más exitosos que el país había visto en mucho tiempo. Se lo consideraba el monarca más poderoso de Europa y siguió desempeñando un papel fundamental en los acontecimientos geopolíticos que configuraron el continente en los años venideros. Al igual que su abuela Catalina, Alejandro fue un nuevo «árbitro de Europa», asumiendo una posición dominante en la política de poder europea.

Tras derrotar a Napoleón, Alejandro duraría una década más en el trono, muriendo a la temprana edad de 47 años. Su personalidad siempre había sido impredecible y fácilmente influenciable, algo que demostró especialmente tras el regreso del zar a casa desde Francia. En el transcurso de la guerra, se había vuelto excesivamente religioso y decidió confiar ciegamente en las tradiciones cristianas por encima de los puntos de vista más liberales que había adoptado en sus primeros años. Debido a su nuevo amor por la religión, persuadió a los líderes de Austria y Prusia para que entablaran una «Santa Alianza», cuyo principal objetivo era la promoción de principios cristianos y conservadores, lo que influyó enormemente en el desarrollo del nacionalismo republicano en estos países. El propio Alejandro adoptó políticas bastante conservadoras en Rusia tras la derrota de Napoleón y limitó aún más los derechos de los siervos, que habían luchado por la libertad durante muchas décadas. También creó las llamadas colonias militares, distribuyendo tierras y campesinos entre sus soldados, quizá como recompensa por su resistencia en la guerra. Esta política no reportó beneficio económico o social alguno y creó más dificultades a los siervos.

No se puede negar que Alejandro I regresó a Rusia convertido en un hombre completamente distinto, abandonando sus idealistas y ambiciosas ideas liberales por el conservadurismo, algo que rápidamente se transformó en acciones despiadadas contra el descontento de la población. Los rusos intentaron sublevarse varias veces contra el zar, que se volvía más tiránico a medida que pasaban los años. A medida que surgían más y más sociedades conspiradoras y secretas en las principales ciudades para oponerse a Alejandro, la depresión y la paranoia se apoderaron de él, lo que afectó gravemente a su salud. Tras años de lucha consigo mismo y con sus súbditos, finalmente encontró su fin en diciembre de 1825 tras visitar Crimea con su esposa y contraer una grave enfermedad, probablemente neumonía.

Nicolás I: El autócrata clásico

Como Alejandro I no tenía herederos propios, el trono debía recaer en el presunto heredero, su hermano menor, Constantino. Sin embargo, la muerte de Alejandro provocó otra crisis sucesoria, aunque esta vez breve.

Surgieron problemas porque Constantino, que nunca tuvo muchas ganas de gobernar, se había casado con una polaca de ascendencia común en 1820, cinco años antes de la muerte de Alejandro, y había renunciado así a su derecho al trono de Rusia. El siguiente en la línea sucesoria era el tercer hermano, Nicolás, unos diecisiete años menor que Constantino y diecinueve menor que Alejandro.

De hecho, Alejandro lo había elegido como sucesor después de que Constantino hiciera su elección, pero el proceso de coronación de Nicolás no transcurrió con normalidad. Aquellos que desconfiaban del zar Alejandro en sus últimos años vieron en su muerte una oportunidad. Había muchos militares de alto rango y miembros de las clases altas que creían que Alejandro los había tratado injustamente al enviarlos a sus colonias recién creadas tras el final de la guerra con Napoleón. El principal objetivo de este breve pero importante levantamiento, que tuvo lugar el 26 de diciembre de 1825 (14 de diciembre en el calendario antiguo y se conoce como el levantamiento decembrista por ese motivo), era convencer a las tropas estacionadas en la capital de que se negaran a jurar lealtad a Nicolás y en su lugar instauraran a Constantino. Los rebeldes pensaban que Constantino los ayudaría a recuperar el poder del que les había despojado Alejandro. Al final, los decembristas fracasaron estrepitosamente, ya que los leales a Nicolás los derrotaron rápidamente. La mayoría de los rebeldes fueron exiliados a Siberia o encarcelados durante los juicios.

Así, Nicolás se convirtió en emperador de Rusia. Era un hombre muy culto en todos los campos, incluida la política, y se convertiría rápidamente en uno de los autócratas más conservadores del siglo XIX, reafirmando la posición del zar como superior a todas las instituciones burocráticas o administrativas. Nicolás odiaba el concepto de revolución y deslealtad hacia la Corona, por lo que se convirtió en una excelente encarnación del gobierno conservador y autocrático, que poco a poco se iba quedando anticuado en el resto de Europa. Sus contemporáneos comentaban a menudo que aportaba a su cargo una especie de firmeza y orden que se asemejaba mucho a la de un experimentado general del ejército.

Y Nicolás tenía ciertamente experiencia en asuntos militares, pues se había criado durante las guerras napoleónicas. También era un auténtico miembro de la realeza, ya que desde muy joven se dedicó a la alta política. El mejor ejemplo de ello es que se casó con la princesa Carlota (Alexandra), hija del rey Federico Guillermo III de Prusia, y se aseguró de que el vínculo ruso-prusiano fuera más fuerte que nunca. Su estricta personalidad, que valoraba la productividad, se había desarrollado tras años de viajes por diferentes naciones europeas, de las cuales Inglaterra había sido la que le había causado mayor impresión. En resumen, cuando Nicolás se convirtió en emperador, reunía casi todas las características de un gobernante clásico; solo era cuestión de cómo las utilizaría en beneficio de su país.

Emperador Nicolás I

Todas estas influencias desempeñaron un papel importante en la naturaleza del reinado de Nicolás. Quizá la mejor forma de resumirlo sea el decreto oficial que promulgó en 1833 el ministro ruso de Educación, Serguéi Uvárov. Proclamó, en nombre del rey, la doctrina de la «nacionalidad oficial». La doctrina englobaba tres aspectos que llegaron a ser las características definitorias del gobierno de Nicolás: La ortodoxia (fuente sagrada de la moral y la conducta ética de la nación), la autocracia (afirmación del dominio absoluto del monarca) y la nacionalidad (un concepto abstracto de *narodnost*, que afirmaba que la naturaleza ideal y tradicional del pueblo ruso se caracterizaba por su apoyo inquebrantable a la monarquía y a la familia real). Nicolás obligaba a sus súbditos a vivir según estos principios y castigaba a los que se negaban.

A la hora de gobernar, el zar Nicolás I era muy concreto y exigente. Deseaba estar personalmente al tanto de todo lo que ocurría en su vasto imperio y se rodeó de ex militares para imponer su estricta actitud. Reclutaba personalmente a todos sus subordinados inmediatos, que actuaban como sus asistentes personales, y los integraba en las principales instituciones administrativas.

Aun así, cuando se trataba de reuniones y ceremonias oficiales, Nicolás rara vez aparecía, lo que restaba importancia a muchas estructuras importantes creadas por sus predecesores, como el Senado o el Consejo de Estado. El emperador se aseguró de que sus hombres de mayor confianza, que encarnaban al propio emperador como si fueran extensiones de Nicolás, se ocuparan de los asuntos más vitales en distintas partes de Rusia y garantizaran la productividad y la máxima obediencia. Nicolás creía que así podría mantener un fuerte control sobre el país, aunque, debido a su falta de iniciativa para implementar cambios reales que afectaran a las vidas de millones de personas, la corrupción alcanzó altos niveles, con diferentes funcionarios estatales confundidos sobre cuál era su verdadero propósito.

El mayor error de Nicolás I fue, sin duda, su negativa a liberar a los siervos, como ya habían hecho muchas naciones europeas. Por temor a que se produjera una revolución que derribara el dominio de la familia real, como había ocurrido durante la década de 1840 en otras naciones, Nicolás I restringió aún más las limitadas libertades que tenían los siervos. Por esa misma razón, era reacio a adoptar reformas que otorgaran más libertades a la sociedad. Así que, en lugar de intentar modernizar los diferentes estratos sociales de Rusia, implantó diferentes cancillerías. El Tercer Departamento de la Cancillería, por ejemplo, era esencialmente una fuerza de policía personal, que operaba en estrecha colaboración con el recién creado Cuerpo de Gendarmes y se aseguraba de que toda persona sospechosa fuera inmediatamente detenida. Las funciones del Tercer Departamento también incluían la vigilancia masiva, la aplicación de la censura y la detención de delincuentes. Mientras tanto, sus líderes se hicieron muy cercanos al propio emperador, que se había vuelto cada vez más receloso de su potencial oposición.

En los últimos años del reinado de Nicolás I, el país se vio arrastrado a la guerra de Crimea, que acabaría de forma desastrosa para Rusia. La política exterior de Nicolás I nunca había sido fuerte, pero en general mantenía buenas relaciones con las naciones europeas más conservadoras. Empeñado en «proteger» a los súbditos ortodoxos del Imperio otomano, Nicolás ordenó a sus fuerzas ocupar la provincia de Danubio, la actual Rumanía, que estaba bajo dominio turco, en junio de 1853. Los otomanos, con el apoyo de los británicos y, más tarde, de los franceses, tomaron represalias, declararon la guerra en octubre y lanzaron una ofensiva para deshacerse de las fuerzas rusas en la provincia. Gran Bretaña y Francia enviaron sus flotas al mar Negro para apoyar a los otomanos (ambos países se habían enemistado con Rusia, ya que Gran Bretaña quería un Imperio otomano fuerte para mantener el equilibrio de poder en Europa, mientras que Francia mantenía disputas con la Iglesia ortodoxa sobre los derechos de los católicos en la Palestina otomana).

En definitiva, el conflicto fue devastador desde el principio para Nicolás, ya que la alianza anglo-franco turca lo obligó a retirar sus fuerzas de Danubio. Por si fuera poco, tuvo que hacer frente a otra ofensiva en la península de Crimea, donde los aliados establecieron una cabeza de playa. A finales del otoño de 1854, franceses y británicos habían derrotado a los rusos en las batallas de Inkerman y Balaclava, tomando el crucial puerto de Sebastopol tras un asedio de un mes.

Todo se venía abajo para el zar ruso, que se vio rápidamente superado por el estrés y la paranoia, causando graves problemas de salud. En febrero de 1855, su estado había llegado a un punto sin retorno y Nicolás I falleció. Algunos historiadores han sugerido que se quitó la vida, una explicación que no es del todo improbable, teniendo en cuenta su psicología distorsionada y los estragos de la guerra de Crimea.

Nicolás I, que era un autócrata clásico en todos los sentidos de la palabra, cometió muchos errores durante su reinado. Fue reacio a abandonar las viejas tradiciones y a fomentar el cambio en Rusia. Quién sabe qué habría pasado si hubiera amado a Rusia de otra manera. ¿Habría cambiado eso la forma en que la historia lo recordaría?

Alejandro II: El Libertador

Al difunto zar Nicolás I le sucedió su hijo mayor, Alejandro, de 36 años, que se convirtió en el emperador Alejandro II al acceder al trono. El reinado de Alejandro sería muy diferente al de su padre, algo que puede atribuirse a sus primeros años, ya que el futuro heredero había sido educado por Vasili Zhukovski, que poseía fuertes opiniones liberales y románticas. Alejandro había experimentado de primera mano el duro gobierno autocrático de Nicolás y, debido a la influencia de Zhukovski, se había convertido en una especie de liberal. Aunque Alejandro no era tan inteligente ni trabajador como su padre, se dio cuenta de los problemas a los que se enfrentaba Rusia y decidió abordarlos lo antes posible.

Alejandro pidió la paz en la guerra de Crimea poco después de convertirse en zar, al darse cuenta de que el ejército ruso no sería capaz de derrotar a las fuerzas combinadas de otomanos, franceses y británicos. Prefirió aceptar la derrota para ganar más tiempo y trabajar en sus reformas internas para ayudar a Rusia a alcanzar al resto de potencias europeas. Alejandro firmó el Tratado de París en marzo de 1856 y tuvo la suerte de no verse obligado a renunciar a ningún territorio. En cambio, los términos del acuerdo de paz prohibían a Rusia tener buques de guerra en el mar Negro y también concedían cierta autonomía a los territorios en disputa de la Rumania otomana. Los cristianos de todo el Imperio otomano obtuvieron un mayor reconocimiento. En conjunto, las secuelas de la guerra de Crimea no fueron tan desastrosas como las propias operaciones militares, lo que proporcionó al nuevo zar un resultado bastante deseable.

Una vez establecida la paz, Alejandro comenzó a trabajar para solucionar algunos de los problemas más inmediatos. Una de las primeras reformas incluyó el establecimiento de un flamante sistema ferroviario, muy necesario en un imperio tan vasto como Rusia. Antes de Alejandro, la única línea ferroviaria conectaba Moscú con San Petersburgo. Al final de su reinado, se habían establecido ferrocarriles en la mayoría de las provincias rusas, sumando más de veintidós mil kilómetros (catorce mil millas) en total. El proyecto de construir un sistema ferroviario estable fue todo un reto, pero dio sus frutos, ya que mejoró casi todos los aspectos de la vida rusa. Ayudó al flujo de mercancías y mano de obra, aumentando así la eficacia del comercio. También ayudó al transporte de los militares en caso de que estallara de nuevo la guerra.

La reforma por la que Alejandro II es más conocido es su decisión de abolir definitivamente la servidumbre, liberando a millones de personas de ser esencialmente esclavos de los terratenientes, además de darles la oportunidad de llevar una vida independiente y acumular su propia riqueza. A pesar de la oposición de la nobleza, Alejandro firmó la Ley de Emancipación en 1861, que incluso incluía un decreto sobre la concesión gradual a los siervos de pequeñas parcelas de tierra para que pudieran poseer algo después de ser libres. Rusia seguía rezagada en cuanto a industrialización y modernización en comparación con los mejores países europeos, pero la liberación de los siervos supuso un gran paso hacia una Rusia más estable y señaló que el país estaba dispuesto a abandonar muchas de sus normas anticuadas. Para decepción de la nobleza, la emancipación no provocó una grave crisis económica. Por el contrario, brindó nuevas oportunidades a millones de personas y es la razón por la que a Alejandro II se lo suele llamar «el Libertador».

Tras la abolición de la servidumbre, Alejandro reformó el sistema judicial de Rusia, que en esencia había permanecido inalterado durante más de cien años. El nuevo sistema se remodeló y basó vagamente en el de Francia y supuso un paso más hacia la adhesión a los principios modernos. Los cambios administrativos incluyeron una sutil descentralización del poder en 1864 en favor de asambleas elegidas localmente, lo que vino a aumentar la calidad de vida en las diferentes provincias. También se revisó la educación, y el gobierno financió la construcción de nuevas escuelas por todo el país, lo que aumentó enormemente la tasa de alfabetización de sus ciudadanos, especialmente de los siervos recién liberados en el campo.

Junto con su ministro de Guerra, Dmitri Milyutin, Alejandro reorganizó el ejército ruso, que había mostrado sus evidentes defectos durante la guerra de Crimea. Los dos hombres se centraron no solo en mejorar la formación de los regimientos e introducir nuevas tecnologías y estrategias, sino también en hacer que las instituciones de educación militar fueran mucho más eficaces. La reforma militar concluyó con la introducción del servicio militar obligatorio en 1874, que fue el «estándar moderno» del militarismo europeo de finales del siglo XIX.

Alejandro II se mostró mucho más relajado y tolerante con los grupos minoritarios, concediéndoles diferentes libertades y derechos. Sin embargo, medidas como la liberación de presos políticos del exilio y la cárcel, el reconocimiento de las minorías judías y otras minorías religiosas, y el fomento de la creación de instituciones locales se convirtieron en una espina clavada en el costado del zar durante la segunda mitad de su reinado. Por mucho que hubiera intentado liberalizar Rusia, Alejandro tal vez había introducido demasiados cambios importantes con demasiada rapidez, algo que inspiró a muchos a presionar para conseguir más libertades de diferentes maneras, como organizando protestas para conseguir más poder o estableciendo sociedades secretas donde los intelectuales se reunían para discutir formas de acabar con el gobierno conservador de Alejandro. Aunque era mucho más liberal que su predecesor, Alejandro seguía siendo un emperador anticuado a los ojos de mucha gente, sobre todo teniendo en cuenta que otros países europeos habían disminuido poco a poco el poder de sus familias gobernantes.

Una mejor educación junto con más libertades y derechos para expresar sus opiniones hicieron que la juventud rusa se volviera cada vez más anticonservadora, y miembros de la oposición liberal radical incluso intentaron asesinar al zar en varias ocasiones durante su reinado. Por otra parte, debido al gobierno más relajado de Alejandro, los pueblos incorporados, como los polacos, intentaron sublevarse en varias ocasiones, obligando a Alejandro a reprimir brutalmente sus demandas de libertad y el fin de la monarquía. En cierto modo, estos acontecimientos hicieron a Alejandro más conservador, alejándolo de sus opiniones liberales para proteger su posición como emperador. Se aseguró de reafirmar que el emperador era la persona más importante de Rusia, diciendo que Dios le había concedido su cargo, algo característico de los autoritarios clásicos. También tuvo un gran efecto en su salud mental, pues Alejandro se volvió menos comunicativo con su familia. De hecho, inició un romance que influiría enormemente en su conducta durante los años siguientes.

Los últimos años de la década de 1870 fueron los más difíciles para Alejandro II, ya que los eslavos ortodoxos del Imperio otomano empezaron a verlo cada vez más como su protector supremo, lo que arrastró a Rusia a otra guerra con los otomanos en 1877. Alejandro se había mostrado reacio a entrar en guerra, pero se negó a dejar solos a los rebeldes. Las naciones balcánicas de Serbia, Montenegro, Rumanía y Bulgaria, todas ellas apoyadas por el zar Alejandro y la poderosa Rusia, lograron derrotar a los otomanos musulmanes y expulsarlos en gran medida de los Balcanes. Tras un año de lucha, en el que la coalición empujó a los otomanos hasta Constantinopla, las naciones balcánicas pidieron la paz y lograron la victoria. Serbia, Montenegro y Rumania declararon su independencia, mientras que Bulgaria se estableció como región autónoma especial. De hecho, Alejandro sigue siendo venerado en Sofía como el gran libertador del pueblo búlgaro del tiránico dominio otomano.

A pesar del triunfo de Alejandro en la guerra contra los otomanos, la opinión pública rusa se había vuelto muy anticonservadora. Sociedades terroristas secretas partidarias de la revolución se habían extendido por las principales ciudades rusas y suponían una seria amenaza para el zar y el futuro de la monarquía. Alejandro encomendó a su ministro del Interior, Mijaíl Lorís-Mélikov, la tarea de hacer frente a este problema, pero los intentos de asesinar al emperador no hicieron más que crecer. Los grupos terroristas lo intentaron todo en múltiples ocasiones para deshacerse del monarca, pero no tuvieron éxito. Finalmente, Alejandro sintió que tenía que ceder, al menos parcialmente, a lo que el pueblo quería.

En enero de 1881, su ministro del Interior redactó la Constitución Lorís-Mélikov. El documento introduciría dos nuevos órganos constitucionales, permitiendo a Rusia dar su primer paso para convertirse en una monarquía constitucional. Sin embargo, el zar nunca pudo promulgar oficialmente la constitución, ya que finalmente cayó víctima de los asesinos de la organización terrorista radical llamada Voluntad Popular. En marzo, el mismo día que el zar aprobaba la constitución, cuatro asesinos arrojaron bombas de nitroglicerina y piroxilina contra el carruaje cerrado de Alejandro. Las bombas hirieron mortalmente al zar.

Alejandro III: el Pacificador

El segundo hijo mayor de Alejandro II, también llamado Alejandro, se convirtió en el siguiente emperador a la muerte de su padre en 1881. El hermano mayor de Alejandro III, Nicolás Aleksándrovich, presunto heredero, había fallecido trágicamente en 1865, lo que lo convertía en el siguiente en la línea de sucesión al trono. Alejandro III estaba casado con la princesa Dagmar de Dinamarca desde 1866, aunque en un principio la princesa había estado comprometida con Nicolás (hermano mayor de Alejandro III), pero no pudo seguir adelante con el matrimonio debido a la muerte de este. Alejandro III fue el penúltimo gobernante Romanov de Rusia y gobernaría hasta 1894. Su reinado sería completamente diferente al de su predecesor.

Desviándose de la actitud relajada y la agudeza de pensamiento liberal de su padre, Alejandro III se aseguró de que la monarquía conservara su poder supremo en medio de la agitación política de Europa. Más que familiarizado con la conducta real y los principios de la ley y la administración, Alejandro había desarrollado desde joven un sentimiento de desconfianza hacia una estructura representativa de gobierno, creyendo firmemente que causaba caos e inestabilidad. En su lugar, se inclinó por el enfoque tradicional de gobierno, muy inspirado en su abuelo, Nicolás I, y dando preferencia a los principios de la autocracia, la ortodoxia y la *narodnost*.

Así, Alejandro había desarrollado unas creencias que chocaban bastante con las de su padre, y que se demostrarían sobre todo cuando se produjo su cambio en la dirección de la política exterior. A finales del siglo XIX, Europa se estaba transformando rápidamente desde el punto de vista geopolítico, y Alejandro creía que Rusia tenía que seguir el ritmo de los últimos acontecimientos y asumir su antigua posición de «árbitro de Europa». Entre los acontecimientos más influyentes de la época figuraban la guerra franco-prusiana y el posterior nacimiento de un Estado alemán unificado, la unificación de Italia por primera vez en siglos, gracias a los movimientos nacionalistas, y la existencia de una vacilante monarquía conservadora en Austria-Hungría.

Años de maniobras políticas entre estas naciones casi obligaron a Alejandro a aliarse con Francia en 1890 para equilibrar la alianza austro-germánica, impulsada por el nuevo canciller de Alemania, Otto von Bismarck. Esto supuso una desviación de la Liga de los Tres Emperadores, el anterior sistema de alianzas entre Austria, Alemania y Rusia que se había acordado durante el reinado de Alejandro II debido a su actitud amistosa hacia Bismarck. Aunque durante el reinado de Alejandro III Rusia no participó en ninguna guerra importante, la evolución de la política exterior desempeñó un papel crucial a la hora de establecer un nuevo equilibrio de poder en Europa y, en última instancia, adquirió relevancia al comienzo de la Primera Guerra Mundial.

La Liga de los Tres Emperadores se reúne en Skierniewiece
https://commons.wikimedia.org/wiki/File:The_League_of_the_Three_Emperors.png

En cuanto a la política interior, Alejandro volvería a transformar el panorama político del país. Anuló la constitución que su padre había planeado promulgar oficialmente y declaró que sus reformas irían encaminadas a revisar algunas de las características problemáticas del reinado de su padre. Alejandro III creía firmemente que reestructurar Rusia para incluir los principios europeos modernos perjudicaba al país y a su pueblo. En su lugar, promovió el resurgimiento de las tres doctrinas que habían servido al país durante tanto tiempo: la autocracia, la ortodoxia y la *narodnost*.

Alejandro III iniciaría el proceso de rusificación, imponiendo la práctica de una sola religión y el uso de una sola lengua. También difundió la idea de que el sentido ruso de la nacionalidad era superior al de otros europeos. Para un imperio tan diverso como Rusia, que incluía un gran número de personas de diferentes etnias, credos y nacionalidades, esto parecía bastante problemático. El zar disminuyó por completo la importancia de las estructuras autónomas establecidas por su padre al reducir su capacidad de opinar en las decisiones importantes.

Durante el reinado de Alejandro III, los eslavófilos —individuos que predicaban la superioridad rusa y ortodoxa sobre sus homólogos occidentales— disfrutaron de su periodo más influyente. Alejandro era un eslavófilo robusto en todos los sentidos de la palabra, y Rusia asumiría el papel de protectora de todas las naciones eslavas ortodoxas de los Balcanes, lo cual era otro requisito previo para la Primera Guerra Mundial.

Alejandro III de Rusia
https://commons.wikimedia.org/wiki/File:Alexander_III_of_Russia_1892.jpg

En general, Alejandro III es conocido como «el Pacificador», ya que Rusia no se vio envuelta en ninguna guerra durante su reinado. En general, Su reinado fue bastante tranquilo, y aunque se hicieron esfuerzos para dar marcha atrás en algunas de las políticas liberales introducidas por su padre, Alejandro III, como el tiempo diría, solo estaba tratando de evitar lo inevitable. La monarquía conservadora rusa estaba anticuada, y la opinión pública había cambiado tanto que un emperador eslavófilo no podía por sí solo revertirla a su favor. Aunque se hicieron algunas mejoras en cuanto a infraestructuras y avances tecnológicos, sobre todo gracias a los generosos fondos que llegaron al país procedentes de su alianza con Francia, Alejandro III fue incapaz de construir sobre los cimientos liberales que ya había creado su padre. Murió de una enfermedad en el palacio Maly de Crimea a la temprana edad de 49 años en noviembre de 1894, convirtiendo a su hijo Nicolás en el nuevo zar de Rusia.

Capítulo 7: Nicolás II, el último Romanov

Ha llegado el momento de echar un vistazo al último zar de Rusia: Nicolás II Romanov. Subió al trono en 1894 tras la muerte de su padre y tuvo que dirigir el país en uno de los momentos más difíciles de la historia. Aunque la monarquía rusa ya se encontraba en un estado bastante duro en el momento de su coronación como zar, pocos podían predecir el duro final que experimentarían los Romanov en 1917.

Este capítulo explorará el reinado de Nicolás II y hablará de los acontecimientos más impactantes que tuvieron lugar durante sus veintitrés años de gobierno, incluyendo la guerra ruso-japonesa, la Primera Guerra Mundial y la Revolución rusa. Estos grandes acontecimientos son lo suficientemente importantes como para ser tratados por sí solos, por lo que en este libro solo se mencionarán en relación con el último zar Romanov.

Ascensión de Nicolás II

Nicolás II era el hijo mayor de Alejandro III, lo que lo convertía en el heredero al trono ruso. Sin embargo, el joven Nicolás no estaba especialmente interesado en gobernar ni era apto para convertirse en zar. Había recibido sobre todo una educación militar y, a diferencia de sus predecesores, carecía de intelecto y fuerza de carácter. Esto resultaría problemático para Nicolás II, ya que su personalidad reservada se veía fácilmente afectada por la gente poderosa de la que se rodeaba.

Aunque amaba profundamente a su esposa, Alejandra, esta poseía un carácter y un sentido de la resistencia mucho más fuertes que su marido, lo que resultaba difícil de soportar para el emperador. Como Nicolás prefería pasar tiempo con su círculo íntimo, Alejandra consiguió imponer rápidamente su dominio. Por su culpa, el reinado de Nicolás estaría plagado de influencias externas, sobre todo de Grigori Rasputín. Rasputín fue presentado a la pareja real como curandero para ayudar a su hijo enfermo, pero con el tiempo se involucró por completo en la política rusa. Poco a poco fue escalando posiciones en la corte de Nicolás, gracias a su astucia. Rasputín se ganó la confianza de la pareja real antes de convertirse en un gobernante no oficial de Rusia durante la Primera Guerra Mundial, ya que Nicolás estaba a menudo ausente. Aunque los leales al zar acabaron ocupándose de Rasputín, los escándalos que lo rodearon tuvieron un gran efecto en el reinado de Nicolás.

Lo cierto es que Nicolás era profundamente inseguro e indeciso, lo que lo hizo distanciarse de los funcionarios a sus órdenes, a los que consideraba más experimentados en el gobierno y la política. En su intento de mantener su posición como zar, Nicolás seguía casi a la fuerza los principios de la ortodoxia, la autocracia y la *narodnost*, y castigaba severamente a quienes tenían tendencias liberales y se levantaban contra su gobierno. Las fuerzas policiales locales se convirtieron para él en una herramienta para reprimir brutalmente a los «conspiradores», la gente que se atrevía a ir contra su régimen. En definitiva, se podría argumentar que su débil personalidad fue la causa de los muchos problemas a los que se enfrentó a lo largo de los años.

Nicolás II
https://commons.wikimedia.org/wiki/File:Nicolas_II_de_russie.jpg

La indecisión de Nicolás II se pondría de manifiesto tanto en la política interior como en la exterior, ya que no podía centrarse en un aspecto concreto. A pesar del siempre fuerte sentimiento anti monárquico de la opinión pública, intentó centralizar aún más el poder de la monarquía limitando la agencia de las instituciones políticas locales. Sus contemporáneos, incluidos emisarios de los países europeos, instaron a Nicolás a adoptar políticas más liberales, pero el emperador nunca estuvo de acuerdo con ellos.

Tampoco podía decidir hacia dónde era mejor que Rusia se expandiera. Durante el reinado de su padre, a Rusia prácticamente se le había negado la oportunidad de tener colonias tras la Conferencia de Berlín, en la que las demás naciones europeas se repartieron el mundo. Esto afectó gravemente al ya inseguro zar, que creía que Rusia debía mantener su influencia en múltiples regiones limítrofes, incluidos los Balcanes ortodoxos (que seguían considerando a Rusia su único protector), Asia Central y, sobre todo, Corea. La construcción del ferrocarril transiberiano indicaba que Nicolás estaba dispuesto a hacer un esfuerzo para aumentar el poder de Rusia sobre Corea y obtener potencialmente acceso a sus puertos en las aguas cálidas, que no se congelarían al llegar el invierno.

Sin embargo, los intereses de Nicolás II chocaron con los de Japón, otra nación que se industrializaba rápidamente y aumentaba su poder en Asia Oriental. Tras ser incapaz de resolver sus disputas diplomáticamente, Nicolás fue manipulado por su corte expansionista para iniciar un conflicto con los japoneses por el establecimiento de una esfera de influencia en Corea. Las tensiones alcanzaron un nuevo punto álgido a principios de 1904, cuando los japoneses, también expansionistas, atacaron repentinamente un puerto ruso en Asia Oriental. Al hacerlo, declararon la guerra. El mundo observó atentamente cómo una poderosa nación europea se enfrentaba a una potencia asiática en ascenso. Las naciones sentían curiosidad por el resultado, ya que en la guerra se estaba probando una gran cantidad de nueva tecnología militar.

Para sorpresa de muchos, Rusia fue duramente derrotada, ya que su ejército fue totalmente superado por los japoneses, que habían hecho progresos significativos en lo que se refiere a innovaciones militares. Nicolás y sus desfasadas y humilladas fuerzas pidieron la paz y renunciaron al control ruso de la provincia de Manchuria. Corea fue rápidamente tomada por los japoneses a finales de 1905.

Una rápida derrota en una guerra contra una nación más débil era lo último que Nicolás necesitaba en su plato. El público ruso estaba indignado por la humillante actuación del ejército ruso. La gente se echó a la calle y exigió más libertades, que esperaban aumentaran su calidad de vida. El zar cedió y accedió a crear una asamblea nacional, la Duma rusa, y redactó una declaración en la que afirmaba que no se aplicarían nuevas leyes sin la aprobación de la Duma, estableciendo así una monarquía constitucional.

Sin embargo, al estilo autocrático clásico, Nicolás revirtió estos cambios un año después, en 1906, con la introducción de sus infames Leyes Fundamentales, que otorgaban al soberano el control total de la Duma. Nicolás podía ahora actuar como la Duma cuando esta no estuviera reunida o incluso disolverla si así lo deseaba. Las Leyes Fundamentales también reafirmaban su posición como comandante supremo de las fuerzas militares rusas y le otorgaban inmensos poderes para cambiar el sistema electoral.

En lugar de progresar, Rusia había dado otro paso atrás.

Primera Guerra Mundial

En Rusia, la década de 1910 fue un periodo de inestabilidad y caos. Nicolás culpaba a todos menos a sí mismo de su infructuoso reinado y sustituía con frecuencia a los altos cargos. Reprimía brutalmente a cualquiera que osara oponérsele y seguía considerándose ordenado por Dios. En realidad, la influencia de personajes externos sobre él alcanzaba su punto álgido. En resumen, Nicolás esperaba un soplo de aire fresco, ya que las obligaciones del monarca le hacían experimentar estrés y dudas.

El asesinato del archiduque austriaco Francisco Fernando en junio de 1914 a manos de nacionalistas radicales serbios en Sarajevo brindó una oportunidad. El asesinato desencadenó una serie de acontecimientos que culminarían en la Primera Guerra Mundial. Rusia y todas las grandes potencias europeas se vieron arrastradas al conflicto. Ahora bien, es imposible analizar las complejidades políticas que existían en el momento del asesinato del archiduque, pero abordaremos cómo Nicolás se involucró en la guerra.

Tras el asesinato de Francisco Fernando, heredero del Imperio austrohúngaro, Austria-Hungría declaró la guerra a Serbia. En aquella época, Serbia era una pequeña nación que luchaba por mantener su independencia frente a los conservadores austriacos. Rusia, como protectora tradicional de todos los eslavos ortodoxos, había garantizado la independencia serbia durante bastante tiempo, por lo que se vio obligada a acudir en ayuda de su aliado cuando las tropas austriacas cruzaron la frontera y lanzaron una ofensiva. Pero declarar la guerra a Austria significaba declarar la guerra a Alemania, ya que ambas eran estrechas aliadas. Afortunadamente para Nicolás, Francia se unió a la guerra del lado de Rusia y Serbia, y la Gran Guerra comenzó a finales de julio de 1914.

Cada beligerante tenía sus propias justificaciones y objetivos, incluida Rusia. Aunque Nicolás trató por todos los medios de mediar en el consiguiente conflicto entre Austria y Serbia durante aproximadamente un mes tras el asesinato de Francisco Fernando, su corte le hizo comprender que la guerra era una especie de bendición disfrazada. Si Rusia salía victoriosa en una guerra contra las grandes naciones europeas, se restablecería la confianza del pueblo en la monarquía y los revolucionarios se verían obligados a renunciar a sus sueños de revolución. Era ahora o nunca para Nicolás II Romanov.

Rusia entró en la guerra con la esperanza de que Austria y Alemania fueran derrotadas. Nicolás confiaba en que las Potencias Centrales no podrían resistir un ataque en ambos frentes. Y los rusos se unieron detrás del monarca y estaban dispuestos a luchar por el honor del país. Sin embargo, pronto se le presentó la verdad a Nicolás. El ejército ruso, al que el zar se había negado a movilizar adecuadamente durante la Crisis de Julio antes de que estallara la guerra, no era rival para los alemanes, que disponían de una tecnología superior y estaban familiarizados con nuevas tácticas.

El ejército ruso era indisciplinado y carecía de motivación. La única ventaja que tenía Nicolás era la superioridad numérica, pero no era gran cosa debido al uso de la guerra de trincheras y a la potencia de las ametralladoras. Aunque la ofensiva rusa había hecho algunos progresos contra las fuerzas alemanas y austriacas, una rápida respuesta de los alemanes, que habían entrado en un punto muerto en el oeste contra los franceses y los británicos por lo que pudieron transferir la mayoría de sus fuerzas al este, hizo retroceder a las tropas de Nicolás a su frente original.

Sin embargo, la gente desconfiaba cada vez más de Nicolás, ya que el zar dedicaba todo su tiempo, energía y recursos al esfuerzo bélico y descuidaba aún más a la población, ya de por sí atribulada. Influido por su esposa y estresado por la guerra, Nicolás sustituyó al comandante de sus fuerzas y asumió él mismo el control total, abandonando San Petersburgo para ir a luchar al frente. Esto resultó ser la gota que colmó el vaso. El gobierno se deterioró en ausencia del zar, y la reina Alexandra y Rasputín se convirtieron en gobernantes absolutos. La gente se echó a la calle, e incluso aquellos que eran tradicionalmente conservadores desaprobaron las acciones de Nicolás. Muchos planearon su asesinato con la esperanza de salvar a la familia real. Sin embargo, todo fue en vano.

El último zar

Rusia siguió perdiendo lentamente la guerra. Mientras tanto, el zar no estaba en el país, y la situación alcanzó su peor punto absoluto en 1917. Con la apertura de nuevos frentes con los otomanos en el sur, y los alemanes y austriacos adentrandose cada vez más en los territorios rusos, el esfuerzo bélico parecía condenado para Nicolás, pero a pesar de ello continuó vertiendo recursos en la guerra para mantenerla en marcha. Las principales ciudades rusas experimentaron constantes protestas organizadas por ciudadanos disgustados. La mayoría de estas protestas duraban uno o dos días y acababan desvaneciéndose sin que el gobierno reaccionara.

Crucialmente, el 8 de marzo de 1917 (23 de febrero en el calendario ruso), más de 100.000 trabajadores de fábricas tomaron las calles de San Petersburgo, exigiendo salarios más altos por las horas que habían pasado trabajando en diferentes industrias para la guerra de Nicolás. Acompañados por numerosas mujeres manifestantes que celebraban el Día Internacional de la Mujer, el pueblo protestó durante todo el día, sin conseguir una reacción del gobierno. Sin embargo, la huelga no se extinguió al día siguiente, sino que se convirtió en una huelga general, que llegó a incluir a casi un tercio de los trabajadores de San Petersburgo, y que poco a poco fue ganando cada vez más adeptos.

Los manifestantes recurrieron a la violencia, asaltando distintos comercios, comisarías y fábricas, superando a la policía municipal. Los trabajadores en huelga protestaron en gran medida contra la monarquía, alertando al gobierno, que se vio impulsado a actuar para impedir que una revolución en toda regla derribara el régimen.

Sin embargo, ya era demasiado tarde. La cadena de mando era confusa debido a la ausencia de Nicolás y a la incapacidad de la Duma para hacer frente a los manifestantes. Lo que resultó aún más preocupante para el zar fue el hecho de que la policía cosaca cambiara de bando al ver la magnitud de las protestas. En lugar de impedir una mayor escalada, se unieron a los manifestantes.

Nicolás ordenó desesperadamente al oficial Serguéi Jabálov que regresara del frente para reforzar la ciudad con mil hombres, pero una vez que Jabálov regresó, sus hombres también se amotinaron. Estaban cansados de luchar en una guerra perdida y hartos de la incompetencia del alto mando. Pronto les siguió la Guardia Imperial, que básicamente dejó entrar a los revolucionarios en el palacio de Invierno. A finales de febrero (principios de marzo en el calendario del Nuevo Estilo), estaba claro que el gobierno no podía hacer más. Nicolás tenía una revolución entre manos.

Guardias rojos bolcheviques en la fábrica Vulkan, San Petersburgo, octubre de 1917
https://commons.wikimedia.org/wiki/File:Red_Guard_Vulkan_factory.jpg

Los revolucionarios tomaron efectivamente el control de San Petersburgo y se organizaron en el Soviet de Petrogrado. Celebraron su primera sesión plenaria a finales de febrero (o principios de marzo si nos atenemos al calendario del Nuevo Estilo), en la que discutieron los objetivos de la revolución y crearon comités para llevar a cabo diferentes tareas. A continuación, el Soviet empezó a discutir con la Duma la posibilidad de crear un gobierno provisional. Durante las negociaciones surgió otra pregunta bastante válida: ¿qué iba a pasar exactamente con Nicolás y la familia real? Los revolucionarios eran antimonárquicos, pero la Duma estaba formada principalmente por conservadores que apoyaban al zar. En cuanto a Nicolás, residía en Pskov. El país estaba completamente paralizado, pues probablemente se había dado cuenta de la inminente fatalidad y esperaba la decisión del Soviet y la Duma.

Finalmente, el 1 de marzo (14 de marzo en el Nuevo Estilo), los representantes de la Duma se dirigieron a Nicolás II y le expusieron claramente la situación. Habían llegado a la conclusión de que los dirigentes del Soviet de Petrogrado, que representaban a los revolucionarios del país, se conformarían con que Nicolás cediera el trono a su hijo Alekséi. Como Alekséi aún no había alcanzado la mayoría de edad, el hermano de Nicolás, Miguel, actuaría como regente. En esencia, lo que proponían a Nicolás era una monarquía constitucional, en la que los Romanov seguirían siendo reconocidos como la familia gobernante, pero perderían la mayor parte de sus poderes y en su lugar desempeñarían un papel simbólico, siendo el país controlado por otras instituciones.

Como Nicolás no tenía otra opción, abdicó al trono. También declinó el trono en nombre de su hijo pequeño, ya que no quería que Alekséi pasara por la molestia de ser emperador algún día. Ahora le tocaba a Miguel actuar. Días después, los mismos miembros de la Duma se pusieron en contacto con él. Sin embargo, en lugar de animarlo a ocupar el trono y convertirse en zar, convencieron a Miguel para que lo rechazara antes de que el gobierno provisional elaborara una nueva constitución para el país.

Miguel Romanov nunca tuvo la oportunidad de aceptar formalmente el cargo, ya que el Soviet de Petrogrado y el Partido Bolchevique de extrema izquierda, que controlaban Rusia poco después de la Revolución de Febrero, adoptaron una política contraria a Romanov. Los bolcheviques, que apoyaban a su líder Vladímir Lenin, enviaron a la familia real a Tsárskoye Seló, una finca cercana a San Petersburgo, y la retuvieron allí por tiempo indefinido. Rusia se desgarraría, ya que los bolcheviques luchaban con los mencheviques, los «rusos blancos» monárquicos, por el dominio del país.

Para mantener a la familia real alejada de los mencheviques, fueron enviados a Ekaterimburgo, donde Nicolás Romanov, el último zar de Rusia, su esposa Alexandra, sus cuatro hijas y su único hijo pasarían el resto de sus días. En julio de 1918, mientras los mencheviques intentaban liberar al zar de su cautiverio, los guardias que custodiaban a la familia real recibieron la orden de fusilar a la familia y a su personal antes de quemar sus cuerpos y enterrar en secreto sus restos. Fue la muerte más espantosa que pudiera imaginarse.

Los guardias planeaban una ejecución rápida, ya que la familia sería sorprendida totalmente desprevenida. Sin embargo, la familia creía que iban a ser rescatados en cualquier momento. Cosieron joyas y otros objetos en sus ropas para esa misma ocasión. Cuando cesaron los disparos, todos los niños seguían vivos. Entonces, los guardias les dispararon, apuñalaron y golpearon hasta que finalmente murieron.

Aunque con el paso de los años aparecieron varios impostores (sobre todo Anastasia), se ha demostrado que toda la familia Romanov murió aquel día. Enterraron los cuerpos en dos fosas distintas. Una de ellas se encontró en 1991; la otra, que contenía los cuerpos de María y Alekséi, se descubrió en 2007.

La dinastía Romanov había llegado a su fin. El zar Nicolás II, último emperador de Rusia, fue derrotado por la voluntad del pueblo. Rusia ya no era una monarquía.

Conclusión

Los Romanov son una de las familias reinantes más famosas de la historia europea. Sucedieron a los Rurikíes como principal dinastía de Rusia, consiguieron mantener el control del país durante unos trescientos años y contribuyeron en gran medida a su desarrollo. Desde Mijaíl Romanov, que ascendió al trono de forma bastante inesperada tras la Época de la Inestabilidad, hasta Nicolás II, cuyo reinado se vio truncado por la Revolución rusa, no se puede negar que la dinastía Romanov sigue siendo muy influyente, no solo para los historiadores, sino también para las personas que simplemente sienten curiosidad por la historia.

Quizá lo que hace tan especiales a los Romanov es el hecho de que cada uno de los zares o emperatrices que llegaron a gobernar Rusia era diferente. Todos poseían personalidades completamente distintas y se esforzaron por alcanzar diferentes objetivos para la prosperidad del país. Sin embargo, en lo fundamental, todos ellos definieron y encarnaron el absolutismo, aunque en distintos grados. Las circunstancias en las que los Romanov llegaron al poder son las que mejor explican este hecho, ya que Rusia, como entidad política, era mucho más diversa y compleja que sus vecinos europeos. Los Romanov centraron la mayor parte de su gobierno en los principios del régimen autocrático, la ortodoxia y la importancia de la «rusianidad», por lo que fueron capaces de perseverar en los tiempos más difíciles.

Pedro el Grande y Catalina la Grande son, sin duda, los dos gobernantes Romanov más exitosos. Gracias a su fuerte personalidad, fueron capaces de maximizar su poder y llevar a Rusia a un periodo de grandeza y prosperidad. Por eso son los dos únicos a los que se hace referencia como «los Grandes». Por otro lado, los últimos gobernantes Romanov son considerados más débiles que sus predecesores simplemente por el hecho de que fueron incapaces de repetir o superar los logros de Pedro y Catalina. Lo que hizo extremadamente difícil el gobierno de gobernantes como Nicolás II fueron los desafortunados periodos con los que coincidió su reinado. La época de cambios radicales en Europa no favoreció al antiguo y tradicional sistema de la monarquía.

Aun así, hay que decir que los Romanov no merecieron el abrupto y brutal final que recibieron. Hoy en día, los historiadores reconocen muchas de las contribuciones fundamentales de la dinastía Romanov a la sociedad rusa. Los Romanov merecen su lugar como una de las familias reinantes más legendarias de la historia europea.

Vea más libros escritos por Enthralling History

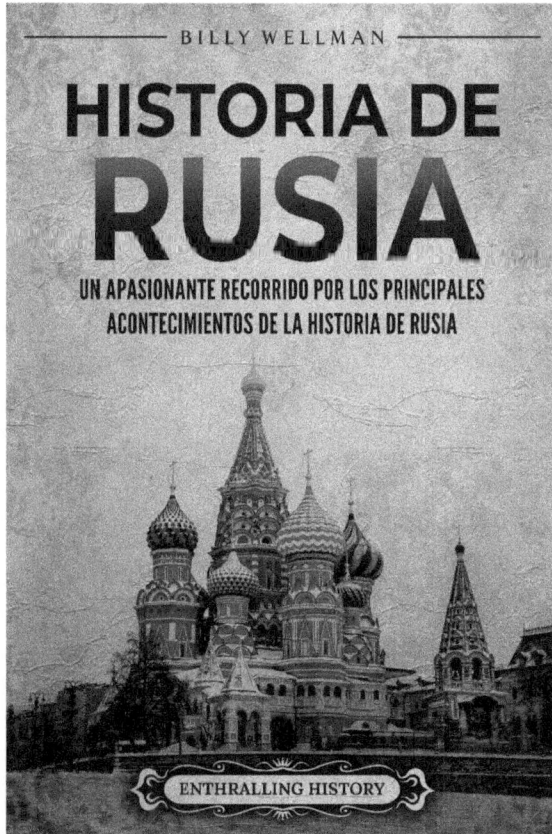

Fuentes

1. Bushkovitch, P. (2001). *Peter the Great: The Struggle for Power, 1671-1725* (Ser. New Studies in European History). Cambridge University Press.

2. Clements, B. E. (2012). *A History of Women in Russia: From Earliest Times to the Present.* Indiana University Press.

3. Dmytryshyn, B. (1991). *Medieval Russia: A Source Book, 850-1700* (3rd ed.). Holt, Rinehart and Winston.

4. Dukes, P. (1990). *A History of Russia: Medieval, Modern, Contemporary* (2nd ed.). Duke University Press.

5. DUNNING, C. (1995). "Crisis, Conjuncture, and the Causes of the Time of Troubles". *Harvard Ukrainian Studies, 19*, 97-119. http://www.jstor.org/stable/41036998.

6. Ellison, H. J. (1965). "Economic Modernization in Imperial Russia: Purposes and Achievements". *The Journal of Economic History, 25*(4), 523-540. http://www.jstor.org/stable/2116126.

7. Esthus, R. A. (1981). "Nicholas II and the Russo-Japanese War". *The Russian Review, 40*(4), 396-411. https://doi.org/10.2307/129919.

8. Heilbronner, H. (1961). "Alexander III and the Reform Plan of Loris-Melikov". *The Journal of Modern History, 33*(4), 384-397. http://www.jstor.org/stable/1877215.

9. Leontovitsch, V., & Solzhenitsyn Aleksandr Isaevich. (2012). *The History of Liberalism in Russia*. (P. Leontovitsch, Trans.) (Ser. Series in Russian and East European Studies). University of Pittsburgh Press.

10. Lewitter, L. R. (1958). "Peter the Great, Poland, and the Westernization of Russia". *Journal of the History of Ideas, 19*(4), 493–506. https://doi.org/10.2307/2707919.

11. Markevich, A., & Zhuravskaya, E. (2018). "The Economic Effects of the Abolition of Serfdom: Evidence from the Russian Empire". *The American Economic Review, 108*(4-5), 1074–1117. https://www.jstor.org/stable/26527998.

12. Meehan-Waters, B. (1975). "Catherine the Great and the Problem of Female Rule". *The Russian Review, 34*(3), 293–307. https://doi.org/10.2307/127976.

13. Okenfuss, M. J. (1997). "Catherine II's Restored Image and the Russian Economy in the Age of Catherine the Great". *Jahrbücher Für Geschichte Osteuropas, 45*(4), 521–525. http://www.jstor.org/stable/41049995.

14. PEREIRA, N. G. O. (1980). "Alexander II and the Decision to Emancipate the Russian Serfs, 1855-61". *Canadian Slavonic Papers / Revue Canadienne Des Slavistes, 22*(1), 99–115. http://www.jstor.org/stable/40867679.

15. Rieber, A. J. (1978). "Bureaucratic Politics in Imperial Russia". *Social Science History, 2*(4), 399–413. https://doi.org/10.2307/1171155.

16. Wortman, R. (2013). "Nicholas II and the Revolution of 1905". In *Russian Monarchy: Representation and Rule* (pp. 199–218). Academic Studies Press. https://doi.org/10.2307/j.ctt21h4wbq.14.

www.ingramcontent.com/pod-product-compliance
Lightning Source LLC
LaVergne TN
LVHW051749080426
835511LV00018B/3280